FERNANDO JOSÉ VAQUERO OROQUIETA

BIOGRAFÍA NO AUTORIZADA DEL PNV

EL NACIONALISMO VASCO Y NAVARRA - I

Sabino Arana Goiri, fundador del EAJ-PNV

A todos los navarros y vascos que siguen luchando para que España viva.

ÍNDICE

PRÓLOGO

Agradezco muy sinceramente a Fernando Vaquero el ofrecimiento de escribir el prólogo de esta "Biografía no autorizada del PNV". Creo que hacerlo es otra muestra más de su coraje frente al nacionalismo obligatorio. Estoy convencido de que estas líneas no aportarán un solo lector más a su libro, si acaso, alguno menos derivado del prejuicio existente contra todos aquellos que nos hemos atrevido a cuestionar públicamente a este partido, en mi caso desde las filas del Partido Popular en la política vasca.

Comenzaré aclarando que desgraciadamente desconocía su obra anterior –probablemente fruto del silencio impuesto al discrepante- hasta que me envió un correo electrónico con el texto del libro que el lector tiene ahora en sus manos, unido a su propuesta de que redactara estas líneas. A través de sus otras publicaciones, por ejemplo "De Navarra a Nafarroa, la otra conquista", he comprobado su compromiso con la verdad y el rigor en el análisis de lo que ha supuesto para Navarra y para España, una ideología que considero perniciosa para la libertad, el nacionalismo, y que, llevada a su extremo, como dijo François Mitterrand, es la guerra.

"Biografía no autorizada del PNV" es un trabajo concienzudo sobre los orígenes y la trayectoria del partido nacionalista vasco desde su fundación por Sabino Arana a finales del siglo XIX, hasta la actualidad. No quiero desvelar el contenido del libro, pero les aseguro que es un texto fundamental para conocer la evolución de una formación creada por un racista que odiaba a España y su capacidad de adaptación para salir siempre triunfante. Una "habilidad" que le ha permitido siempre obtener todo tipo de réditos políticos sin ofrecer nada a cambio salvo, esto sí a conciencia, su deslealtad permanente.

Todos los capítulos en los que está dividida la obra son necesarios para comprender las razones del triunfo social y político de esta formación, especialmente tras la Constitución de 1978, pero resultan especialmente interesantes los dedicados a la posición jugada por el PNV durante la guerra civil española, recordando los asaltos a las cárceles de Bilbao o la rendición en Santoña, así como su relación con el nacimiento de ETA. El último capítulo es, a pesar de toda la triste realidad que describe "esta biografía no autorizada", una llamada a la esperanza: puede salirse de la "Disneylandia jeltzale". Si, como refleja Fernando Vaquero, Joseba Arregi abandonó la comodidad de un partido especialista en lograr como ningún otro el confort para los suyos, hay que confiar en que la situación puede cambiar, aunque supondrá un esfuerzo titánico pues se afronta un combate muy desigual.

En definitiva, estamos ante una obra que, entre otros muchos, cumple con un doble objetivo muy importante: salir al paso de la memoria interesada que nos quieren imponer 85 años después sobre nuestra guerra fratricida, y combatir desde el rigor histórico el relato falseado sobre el terrorismo nacionalista de ETA, su origen y sus consecuencias. Mi más cordial felicitación a Fernando Vaquero por este libro tan necesario como valiente.

A 9 de Mayo de 2022, *Carlos María de Urquijo Valdivielso,*
Ex-senador por Vizcaya y ex-Delegado del Gobierno en la Comunidad Autónoma Vasca.

INTRODUCCIÓN: DIOS Y LEYES VIEJAS

¿Qué es el EAJ-PNV? *Euzko Alderdi Jeltzalea*, tal y como se denomina oficialmente este histórico partido en euskera precediéndole a su equivalente en castellano, no significa literalmente Partido Nacionalista Vasco. Como bien se explica en *Wikipedia* [1], se traduce por «Partido vasco de los simpatizantes de JEL».

JEL, *Jaun-Goikoa eta Lege-Zaharra* (o «Dios y leyes viejas»), es el lema originario del PNV del que nace la denominación de *jeltzale* para sus militantes y el propio partido. El propio EAJ-PNV explica su significado de la siguiente manera: «Este dicho combina dos elementos básicos: una forma de entender el modo de vida y la afirmación de la Patria Vasca. La naturaleza política de esta patria se expresará en conjunto con la restauración de su soberanía patria»[2]. Una descripción que prescinde expresamente tanto de Dios como de esas *Leyes Viejas*, remitiéndose a unos conceptos un tanto fluidos.

En su web oficial, el Partido Nacionalista Vasco se define como «un partido vasco democrático, participativo, diverso, aconfesional y humano, abierto al desarrollo y a todo progreso en beneficio de los seres humanos». ¿Alguien puede estar en desacuerdo con una definición tan generosa y positiva como humanista e imprecisa?

---

[1] https://es.wikipedia.org/wiki/Partido_Nacionalista_Vasco

[2] https://www.eaj-pnv.eus/eu/historia-eta-ideologia/

Existe un consenso en el sentido de que el PNV cuida mucho su imagen y propaganda: tanto a nivel interno como externo; pero también allí donde gobierna. Como su propio logo, que fue diseñado en 2012 con motivo del 20 aniversario de *Sabin Etxea*, su sede central en Bilbao.

José Ignacio Esnaola, directivo de la agencia responsable del mismo, explicaba su significado de la siguiente manera: «Hemos buscado un logo reconocible, que mantuviese las señas de identidad del PNV, pero que al mismo tiempo reflejase capacidad de evolución de cara a los nuevos tiempos que se han abierto en Euskadi». Así, la degradación del color en su parte central proporciona una «mayor sensación de volumen». Además, se optó por poner las siglas en minúscula, «más amables» para el espectador, frente a las letras mayúsculas que aparecían hasta ahora (...) Las tipografías en mayúscula parece que gritan, son más agresivas»[3]. Por su parte, Iñigo Urkullu, presidente del EAJ-PNV afirmó que su nuevo logo «es el centro. Es el corazón del Partido Nacionalista Vasco. Nos acercamos al corazón de las personas desde nuestra esencia». No obstante, no faltaron miradas que encontraron divertidas similitudes con el logo de *Pepsi Cola* («¡la chispa de la vida!»). Y otros, más sesudos, creyeron percibir un mero calco del *yin-yang*, ese símbolo taoísta, que describiría las dos fuerzas fundamentales, opuestas y complementarias presentes en todas las cosas y seres; eso sí, personalizado con los colores nacionalistas rojo-verde-blanco.

No sabemos qué significa este logo; lo que sí se supo, años después, es que la empresa que lo diseñó recibiría seis millones de euros en contratos públicos tras fichar al

---

[3] https://www.diariovasco.com/v/20120422/politica/nuevo-logo-para-nuevo-20120422.html

exalcalde de Alonsotegui, Gabino Martínez de Arenaza, encausado por corrupción y a quien volveremos a mencionar, como un «promotor de negocios»[4] muy activo en el entorno del viejo *alderdi*.

La enciclopedia on-line *Auñamendi*, alojada en la web de la benemérita *Sociedad de Estudios Vascos* o *Eusko Ikaskuntza*, en su entrada EAJ-PNV refiere: «Partido político fundado oficialmente el 31 de julio de 1895 por Sabino de Arana-Goiri. El desarrollo de esta organización dará lugar a un amplio movimiento político social y cultural. Su origen inmediato habría que buscarlo en la reacción política que sigue al final del proceso de abolición foral que había culminado con la Ley del 21 de julio de 1876. Si bien Sabino Arana y algunos de sus primeros seguidores proceden ideológicamente del carlismo derrotado, en el naciente partido se integran otras corrientes, desde integristas a liberal-fueristas»[5]. La anterior entrada, de incuestionable tono academicista, ¿es del todo correcta? Su primera afirmación es totalmente cierta: el PNV es mucho más que un partido político, sin duda; hasta el punto de que no pocos ciudadanos y organismos sociales lo confunden con el mismísimo «pueblo vasco» o, al menos, con el Gobierno Vasco.

Dicha entrada sitúa al fuerismo como antesala del nacionalismo vasco y del EAJ-PNV; una afirmación asumida por otras conocidas bases documentales. Es el caso de la *Gran Enciclopedia Navarra* (GEN), al explicar que:

---

4 https://www.elsaltodiario.com/corrupcion/trama-aurman-la-empresa-que-diseno-el-logo-del-pnv-recibio-tres-millones-desde-la-llegada-como-promotor-de-un-exalcalde-procesado-por-corrupcion

5 https://aunamendi.eusko-ikaskuntza.eus/es/artikulua/ar-38254/

«El movimiento nacionalista surgió como una reivindicación fuerista provocada por el centralismo de la Restauración Borbónica (1874). Este fuerismo dio origen a movimientos de renacimiento cultural vasco en las cuatro provincias. En Navarra, la *Asociación Euskara* (1878) asumió esta reivindicación. Sus hombres provenían fundamentalmente del campo liberal moderado y del carlismo. Aunque se constituyó con una finalidad exclusivamente cultural, sus hombres derivaron hacia el Partido Fuerista 1876 [*sic*], desarrollando su actividad hasta 1886, con la reaparición del Carlismo en la escena política navarra» [6]. De nuevo encontramos al fuerismo como base del panvasquismo; es decir, el nacionalismo que pretende sumar en un proyecto político estatal todos los territorios en los que se habla euskera.

Continuando con la lectura de dicha entrada de la GEN, al abordar el drama colectivo de la Guerra Civil española dice: «Al producirse el Alzamiento en julio de 1936, y por iniciativa de Manuel de Irujo, se decidió que el Partido Nacionalista Vasco siguiera defendiendo a la República. Durante la Guerra Civil de 1936-39, la organización del Partido en Navarra careció de toda actividad». Pero, ¿cómo se comportó este partido en las primeras semanas de la contienda? La GEN no lo explica. Lo cierto es que ilustres nacionalistas vascos de Navarra se alistaron en el Requeté y lucharon con el bando alzado; al igual que no pocos de sus correligionarios alaveses. Es más, sus respectivos órganos directivos adoptaron unas posiciones antagónicas a las finalmente decididas por el resto de la cúpula del PNV. Una decisión muy difícil, tal y como acreditan las conversaciones mantenidas por los *jeltzales* guipuzcoanos con

---

[6] http://www.enciclopedianavarra.com/?page_id=16288

sus paisanos tradicionalistas, ante lo que generalmente se percibía como un enfrentamiento irremediable.

Tan breves brochazos nos permiten ya ver que la perspectiva dogmática del panvasquismo se ha convertido en «doctrina oficial», auténtica vulgata políticamente correcta en Vascongadas y Navarra.

El PNV, que nació conforme los parámetros ideológicos de la época con una identidad netamente integrista-católica, caminaría muy atento a los dictados de la jerarquía vaticana durante décadas. Alineándose con la democracia cristiana subsiguiente a la Segunda Guerra Mundial, se iría alejando de la misma, para recalar, en la actualidad, en una coalición europeísta cuyo común denominador es el «progresismo». En el complejo y sinuoso trasiego de aquellas décadas, el *alderdi* escondió sus muy queridas esvásticas, conversó con nazis y aliados simultáneamente, se puso al servicio de los intereses geopolíticos de Estados Unidos, y alumbró, desde su autoridad y sus propios límites, una organización terrorista que, como proyecto total, continúa condicionando la vida en Vascongadas y Navarra.

El EAJ-PNV, tenazmente y durante décadas, ha logrado tejer un relato irreprochable y consistente hasta la caricatura, una «leyenda rosa» en la que creen muchos —también entre los no nacionalistas— a pies juntillas.

Por todo ello, el EAJ-PNV debe ser estudiado en todos sus ricos matices y episodios históricos: no en vano, es un protagonista incuestionable de nuestra historia y lo seguirá siendo; los consensos de la Transición así lo determinaron.

El texto que el lector tiene en sus manos es un modesto intento en esa línea; un manual introductor y desmitificador de tantas obras escritas al respecto, dispersas y abundantes, que explican, a su particular e interesado modo, fachada, psique e historia, de uno de los partidos más complejos y dúctiles de Europa: el EAJ-PNV.

1.- AITOR, EL MILENARIO PATRIARCA... CUMPLE 145 AÑOS.

El riesgo de haber degustado el magnífico cómic, del prematuramente desaparecido Rafa Ramos, *Amaya. Los vascos en el siglo VIII*, es habérselo creído literal de cabo a rabo. Publicado por la desaparecida Caja de Ahorros Municipal de Pamplona, allá por 1981, y reeditado recientemente por Cénlit, Ramos se inspiraba libre, pero en general muy fielmente, en la obra casi homónima de Francisco Navarro Villoslada: *Amaya o los vascos del siglo VIII*.

Aquel prolífico periodista, político y ensayista natural de Viana, de arraigadas convicciones carlistas, se apoyó para este texto en algunas de las aportaciones de uno de los precursores del nacionalismo cultural panvasquista: Joseph Augustin Chaho.

Muy influenciado por la obra de Walter Scott, Navarro Villoslada, en reconocimiento de sus méritos fue nombrado socio de honor de la Asociación *Euskara* de Navarra. Lo cierto es que lo que únicamente fue una invención literaria, en gran parte de sus recursos, muchos lo han interpretado literalmente; por ejemplo, ciertos datos históricos, genealogía de varios nombres, el paganismo allí narrado... Ciertamente, si Navarro Villoslada resucitara y descubriera que sus cuentos sustentan el paganismo anticristiano de muchos nacionalistas, no es difícil imaginar cómo reaccionaría. En cualquier caso, buena parte del mérito en la popularidad del nombre de Aitor, viene de allí.

Aitor, actualmente, es un nombre muy extendido; también fuera de Vascongadas y Navarra. Y no figura en el santoral católico.

El antes mencionado escritor suletino Joseph Augustin Chaho (a quien estudiaremos algo más detenidamente en el apartado cuarto de este libro) fue su inventor, como el de tantas otras cosas, en la obra *Aitor-Légende Cantabre*, de 1845. Al parecer, ya entonces, los pastores vasco-franceses se denominaban a sí mismos *aitorren semeak*, una derivación dialectal de *aita onen semeak*, «hijos de buenos padres». Sustituyendo la letra «r» por la «n», dicha expresión también puede entenderse como «hijos de Aitor». De tal modo, conforme la imaginación de Chaho, Aitor sería el legendario padre de las siete tribus vascas implantadas en las también «siete provincias vascas». Así se inventa un mito... interpretado hoy literalmente por tantos panvasquistas acríticos.

Este libro de Chao fue traducido al español por el pamplonés Arturo Campión, político inicialmente fuerista, más tarde integrista-carlista, después republicano-federal y, finalmente, nacionalista vasco. Y existen testimonios contradictorios sobre su adhesión a los sublevados de julio de 1936. También destacó como filólogo, especializándose en los dialectos vascos. Participó en numerosas academias, sociedades e instituciones; entre otras, la Asociación *Euskara* de Navarra.

Si usted, amable lector, se llama Aitor, o conoce algún titular de análogo nombre, ya conoce su origen: desengáñese. De progre, romántico o pagano, nada de nada. Es más, se lo debe, en buena medida, a un auténtico españolazo, tal y como calificarían hoy a Campión los nacionalistas de todas las tribus.

Hemos hablado, en este breve apartado inicial, de carlismo, nacionalismo, fuerismo, romanticismo... Veamos las relaciones entre el carlismo hispánico y el nacionalismo vasco; lo que nos contextualizará orígenes y naturaleza del PNV, al igual que cuando, poco después, hablemos de fuerismo y foralismo.

2.- TRADICIONALISMO Y NACIONALISMO VASCO: DOS COSMOVISIONES ANTAGÓNICAS

El periodista Graciano Palomo, en uno de sus artículos [7] dedicados a los cambios en la cúpula de *Sortu*, hablaba de «David Pla, el último general carlista (sólo que la boina en lugar de roja ahora es negra) convertido en estratega de *Sortu-Bildu*». El navarro David Pla, recordemos, fue uno de los últimos jefes de la rama armada de ETA quien, encapuchado al igual que otros, participara en la famosa rueda de prensa por la que anunciaron el cese de su sangriento delirio terrorista de décadas. Una afirmación que no es excepcional. Es más, se ha convertido en un «clásico» calificar a los etarras como «carlistas evolucionados», «carlistas travestidos», «modernos carlistas echados otra vez al monte»: verdaderos dislates cuando no auténticos insultos, trasladándoles algunas de sus supuestas características estéticas, psicológicas o guerreras del carlismo, como si tamaña evolución fuera natural y casi inevitable.

A ello ha contribuido la teoría que considera que ETA y nacionalismo vasco constituirían una «religión de sustitución» [8], secularizando el cristianismo originario de los vascos, particularmente el de los tradicionalistas;

---

[7] 26/12/21. https://okdiario.com/opinion/otegi-clava-jefe-militar-eta-timon-bildu-8333060

[8] Sáez de la Fuente Aldama, Izaskun: *El movimiento de liberación nacional vasco, una religión de sustitución*, tesis dirigida por Víctor Manuel Urrutia Abaigar. Desclée de Brouwer, Bilbao, 2002.

reduciéndolo a una religión materialista para la que el nuevo Dios sería «el pueblo vasco» y el terrorismo uno de sus sacramentos. De tal modo, nada más lógico que transitar de un carlismo decimonónico al nacionalismo moderno y secularizado.

Tales teorías han alcanzado mucha popularidad, tanto a nivel científico como de comentaristas más o menos versados; también a niveles de discusión de bar. No en vano esta tesis proporciona una explicación simple a mutaciones socio-políticas harto complejas; tranquilizando conciencias mediante tan básicas recetas y apaciguando ánimos en busca de propuestas rápidas. Pero, al margen de lo apaciguador que se presenta, ¿realmente es así?

Ciertamente ha habido casos de carlistas que transitaron del tradicionalismo al nacionalismo; incluso a ETA. De hecho, el primer núcleo guipuzcoano del PNV procedía del integrismo[9]. El Partido Integrista fue fundado en 1888 por Ramón Nocedal, escindiéndose del tradicionalista-carlista, por entender que el pretendiente Carlos de Borbón y Austria-Este contemporizaba con el liberalismo. Proponían la unión indefectible del Trono y el Altar desde un profundo antiliberalismo. En sus excesos llegarían a rezar por «la conversión del Papa», a saber León XIII y alguno de sus sucesores, por sospechar que pudieran estar alejándose del Magisterio Tradicional. Todos los periódicos carlistas de Vascongadas y Navarra optaron por la escisión que, hasta 1931 no se reintegraría en la Comunión Tradicionalista.

---

[9] Orella, José Luis, López, José Luis: *Raíces de libertad II. Apuntes para una historia del PP del País Vasco. 1989-2004.* Fundación Popular de Estudios Vascos, Bilbao, 2018, página 15.

El formidable investigador navarro Patxi Mendiburu rememoraba, en su siempre interesante blog *Desolvidar*[10], el caso del aventurero Carlos Catalán Sánchez, quien desde los Grupos de Acción Carlista -nacidos en un carlismo en descomposición, a finales del franquismo, que algunos pretendieron «actualizar», al ritmo de las luchas de liberación del Tercer Mundo y el progresismo clerical, e imitando, un poco, a la mismísima ETA- terminó enrolándose en dicha banda. Fue, con todo, un caso aislado y, si bien recaló en ETA un tiempo, se desmarcaría después para reaparecer como guardaespaldas de Carlos Garaicoechea y protagonizar, ulteriormente, fascinantes aventuras transnacionales con el Arte de fondo...

Tradicionalismo-carlista y nacionalismo vasco compartían, ciertamente, algunos puntos; pero también, profundas diferencias antropológicas, teológicas y políticas.

El tradicionalismo-carlista siempre propugnó una forma de continuidad político-nacional de «las Españas», con una sólida base teológica católico-tomista, en el marco de los movimientos contrarrevolucionarios de los siglos XIX y XX. En coherencia, jamás quiso destruir España, tal y como pretendió el nacionalismo vasco desde el minuto cero de su misma concepción.

El foralismo carlista siempre fue sincero y arraigado; por el contrario el del PNV fue coyuntural y victimista, a modo de coartada ideológica de su independentismo genético.

El carlismo siempre fue, por encima de todo, católico, incluso en sus ulteriores desvaríos socialistas y

---

10 http://patximendiburu.blogspot.com/2022/01/carlos-catalan-s-poliedrico-y-pionero.html

autogestionarios. Por el contrario, el nacionalismo vasco, aunque nació católico-integrista y etnicista, se despegaría de tales aspectos progresivamente. Durante unas décadas, el catolicismo *jeltzale* se sobreentendía, siendo el puente de conexión para algunos pactos entre carlistas y nacionalistas en el primer tercio del siglo XX; así como ciertas apelaciones distorsionadas, e incluso antagónicas, a los Fueros. Pero, casi de manera simultánea, el laicismo aconfesional de Acción Nacionalista Vasca, en la Segunda República, terminaría calando finalmente en los ambientes *jeltzales*. Empero, el PNV siempre se mantuvo —oportunamente- al albur de las corrientes teológicas predominantes en el Vaticano; dada su estrecha vinculación clerical. De ahí que apostara durante unas décadas por las fórmulas políticas de la Democracia Cristiana, que finalmente abandonaría; encuadrándose hoy en el Partido Demócrata Europeo[11] junto a los social-liberales franceses e italianos de François Bayrou y Francesco Rutelli.

El PNV siempre ha sido nacionalista antes que católico; de hecho, hoy, con su programa desacomplejadamente LGTB, incluso como pionero del mismo, se encuentra totalmente despegado de la mentalidad católica tradicional. Respecto a la otra rama del nacionalismo, la de los herederos de ETA, no es necesario insistir mucho: apenas queda un reducto de viejos católicos progresistas en vías de extinción relacionados con diversas instancias de la conocida como «Iglesia de base»: algunas Comunidades Cristianas Populares, los últimos miembros de *Herria 2000 Eliza* y de la Coordinadora de Sacerdotes de Euskal Herria, etc.

---

11 www.democrats.eu

Para el nacionalismo vasco, la religión católica es secundaria, cuando no del todo prescindible. Incluso para los más radicales, particularmente los más integrados en la izquierda *abertzale*, se trata de un residuo romano-español -¡peligro extranjero!- a eliminar finalmente.

El tradicionalismo-carlista siempre ha luchado por la continuidad de las Españas desde los cauces de la articulación foral, la representatividad corporativa y la confesionalidad del Estado. Si el carlismo fue el genuino pueblo español de la contrarrevolución católica, el nacionalismo se alineó decididamente con la revolución de la modernidad; por medio de su determinante adhesión al «principio de las nacionalidades».

Si recordamos nuestra historia más reciente, observaremos que el nacionalismo no ha tratado precisamente con generosidad a los carlistas. Aunque considerados tantas veces como supuestos compañeros de viaje por su catolicismo y habla vasca, muchos de ellos fueron masacrados sin piedad en la guerra civil de 1936-1939. Fue el caso de los 105 carlistas asesinados en los asaltos de las prisiones vizcaínas, del 4 de enero de 1937, bajo la autoridad del Gobierno Vasco. En Guipúzcoa también fueron muy numerosos los carlistas asesinados por anarquistas, comunistas y socialistas; ante la parálisis de los nacionalistas. Fue el caso, entre otros, de los carlistas de Tolosa, allí fusilados poco antes de la llegada de los contingentes navarros. Pero también de los encarcelados y trasladados a San Sebastián e incluso a Bilbao. Sumarían no menos de cuarenta; entre ellos los dos concejales tolosanos y los diecisiete cargos orgánicos locales y comarcales de la Comunión Tradicionalista. Recordemos igualmente al que fuera brillante parlamentario tradicionalista Víctor Pradera, fusilado junto a su hijo Javier, apresado al realizar gestiones para liberar a su padre; en el cementerio de Polloe el 6 de septiembre de 1936.

Pero la saña contra los carlistas pervivió durante décadas, retomándola ETA al asesinar, con especial meticulosidad y empeño, a numerosas personas de convicciones tradicionalistas, al menos en una parte sustancial de sus vidas: Carlos Arguimberri Elorriaga, Víctor Legorburu Ibarreche, Esteban Beldarraín Madariaga, José Javier Jaúregui Bernaola, Elías Elexpe Astandoa, José María Arrizabalaga Arcocha, Dionisio Imaz Gorostiaga-Goiza, Jesús María Colomo Rodríguez, Luis María Uriarte Alzaa, Jesús Ulayar Liciaga, Alberto Toca Echeverría, Juan María de Araluce Villar, Román Baglietto Martínez, Jesús Alcocer Jiménez, José Larrañaga Arenas, Gregorio Ordóñez Fenollar, José Ignacio Iruretagoyena Larrañaga, José Javier Múgica Astibia, Ignacio Uría Mendizábal, Genaro García O ´Neill, y los militares simpatizantes con la Santa Causa Joaquín Imaz Martínez, Jesús María Velasco Zuazola, José Luis Prieto García, Carlos Díaz Arcocha y Juan Atarés Peña[12].

Por otra parte, el apelativo de «carlista» era y sigue siendo hoy, para los nacionalistas vascos, un verdadero insulto, equivalente a «primitivo», a «colaboracionista español», a «españolazo» finalmente.

El carlismo siempre puso por delante a Dios en sus ideales. El nacionalismo panvasquista, por su parte, lo sustituyó por el pueblo o la nación vasca. Su *Dios* inicial ya era particular,

---

[12] Información procedente del libro *Una resistencia olvidada. Tradicionalistas mártires del terrorismo,* de Víctor Javier Ibáñez. Ediciones Auzolan, Córdoba, 2020, 2ª edición.

supremacista y etnicista; por lo tanto, nada católico, al menos con la perspectiva actual.

Transitar del carlismo al nacionalismo panvasquista implica atravesar varias líneas rojas: la de la interpretación tradicional católica de la entera vida y sociedad, la de la unidad española, la de la concepción hispánica..., la de la modernidad indiferente, oportunista, agnóstica o atea. Un itinerario dificilísimo, por doloroso, si lo es desde la sinceridad, e ideológicamente inviable por antitético.

Sociológicamente, bien puede afirmarse que el carlismo se extinguió, salvo un puñado de heroicas familias y militantes que lo mantienen en su baluarte de la actual *Comunión Tradicionalista Carlista* y de la Secretaría Política de Don Sixto Enrique de Borbón. Así, hoy, encontraremos a sus hijos carnales en cualquier lugar y bandería; dependiendo su respectiva toma de decisión política según el temperamento personal, las circunstancias familiares y los particulares intereses en juego.

En Navarra, por ejemplo, hubo viejos carlistas o hijos de carlistas (que sin serlo, le reconocen indudables virtudes morales y políticas, además de formar parte inseparable, conflictiva para unos, entrañable para otros, de la historia de Navarra y España) en prácticamente todos los partidos del espectro político. Jaime Ignacio del Burgo, quien nunca militó en el carlismo pero de raíces carlistas de las que nunca renegó, es una estrella fundamental en la historia reciente de Navarra; militando en UCD, en UPN y finalmente en el PPN. Pero carlistas los hubo también en el PSOE. Fue el caso de Federico Tajadura, quien llegara a alinearse en su tendencia más purista de Izquierda Socialista. También los encontramos en el denominado «nacionalismo moderado». Así, el historiador de larga trayectoria Gregorio Monreal, originario del muy carlista valle de Yerri. Militante carlista de juventud lo fue Juan Cruz Alli, quien alcanzaría en su día la presidencia del Gobierno de Navarra de la mano de UPN, liderando después su escisión Convergencia de Demócratas de Navarra, hasta arribar hoy a orillas acaso *napartarras*.

El célebre, y todavía hoy recordado en Tafalla, Florencio Aoiz Ozcáriz alias *el Templau*, heroico voluntario requeté durante la última guerra civil española y posteriormente Comendador de la carlista Hermandad de Caballeros Voluntarios de la Cruz, difícilmente comprendería la mentalidad y obras de su nieto, Florencio Aoiz Monreal, figura decisiva y portavoz de *Herri Batasuna* en algunos de sus años más trascendentales. Tampoco el requeté sublevado en 1936 en Azkoitia contra la II República, Felipe Higinio Arzalluz Eizmendi, aprobaría las andanzas y decisiones de su hijo, el siempre controvertido Xabier Arzalluz.

Hoy día, desde la superficialidad y unos recursos más o menos dialécticos, cualquier postura personal, deriva ideológica o cambio político puede explicarse o justificarse. En la posmodernidad en la que nos desenvolvemos, somos tributarios de creencias que afirman que «lo que está arriba está abajo», «el bien necesita al mal», la necesidad de «cabalgar las propias contradicciones», etc.; y todo parece discutible o defendible. Es en este contexto, de fluidez mental anti-dogmática y relativista, donde pueden situarse esos intentos justificativos de un supuesto tránsito natural del carlismo al nacionalismo, o de la existencia de unas analogías acaso sustanciales entre ambos que todo lo explicarían. Nada más alejado —todo lo anterior- de la historia de las mentalidades, pero sobre todo del rigor doctrinal y existencial de nuestros antepasados.

3.- EL FORALISMO, ¿COARTADA DEL PANVASQUISMO?

Debemos realizar una primera aclaración. Si bien se emplea genéricamente el término "foralismo" para referirse a la doctrina política que aspira a la recuperación, mantenimiento y desarrollo de los antiguos fueros propios de los diversos territorios españoles, no todos los historiadores y ensayistas —no digamos ya los políticos- han entendido lo mismo. También ha contribuido a generar no escasa confusión al respecto el hecho de que el foralismo haya sido reivindicado, en mayor o menor medida, por liberales, republicanos, tradicionalistas-carlistas, católico-integristas y nacionalistas vascos.

El término fueros ha evolucionado a lo largo de la historia. En sus orígenes medievales, «fuero» era una ley o carta otorgada a un lugar determinado y a sus habitantes. Muy posteriormente, alcanzaría el significado actual que, entre otros, Julio Aróstegui le atribuye: «la legislación primitiva de una parte de la monarquía hispana y que se aplicaba a los reinos de Aragón y Navarra, al Señorío de Vizcaya y a las Hermandades de Álava y Guipúzcoa»[13].

En el caso de los fueros o libertades de los Reinos de la Corona de Aragón, fueron suprimidos a raíz de la Guerra de Sucesión y sus Decretos de Nueva Planta promulgados entre 1707 y 1716.

---

13 Julio Aróstegui: *El carlismo y los fueros vasconavarros, en Historia del pueblo Vasco, III*, Erein, San Sebastián, 1979, pág. 71.

Ya instalados en el siglo XIX, los fueron eran, para los tradicionalistas-carlistas, un último reducto del Antiguo Régimen –en su expresión española, de la Cristiandad–, asediado por la Revolución; si bien tratarían de conciliarlo con las nuevas corrientes papales que darían lugar a la llamada Doctrina Social de la Iglesia. No obstante, para los liberales moderados vascos y navarros, los fueros eran libertades públicas y privadas, descentralización administrativa y bienestar económico; también para algunos republicanos.

Por otra parte, algunos autores entienden que foralismo y fuerismo serían conceptos no del todo coincidentes. Conforme el criterio de Javier Fernández Sebastián, aunque se utilicen como sinónimos, foralismo y fuerismo (así como foralistas y fueristas), denotan cada uno de ellos matices diferenciadores. Foralismo señalaría un movimiento global, algo indefinido y difuso. Fuerismo se remitiría a aquellas corrientes políticas defensoras de las instituciones privativas vascas a lo largo del siglo XIX[14]. Nosotros no entraremos en tal discusión, por considerarla propia de eruditos y bizantinismo que poco aclara; y menos en la actualidad.

Prescindiendo de debates y reseñas especializadas, debemos situarnos al término de la Primera Guerra Carlista para comprender la suerte experimentada por los fueros vascos y navarros.

El Convenio o Abrazo de Vergara de 31 de agosto de 1839 entre el general carlista Maroto y el isabelino Espartero puso término a la contienda civil.

---

[14] Fernández Sebastián, Javier: *La génesis del Fuerismo. Prensa e ideas políticas en la crisis del Antiguo Régimen (País Vasco, 1750-1840)*, Siglo XXI, Madrid, 1991, pág. 2, nota 4.

En el caso de Navarra, perdió su condición de Reino. Y por Ley de 25 de octubre de 1839, de confirmación y modificación de los Fueros de las Provincias Vascongadas y de Navarra, en su artículo 1º se «confirman los Fueros de las provincias Vascongadas y de Navarra sin perjuicio de la unidad constitucional de la monarquía». Ya entonces, algunos diputados vascos se plantearon la exigencia de una restauración del régimen foral; demanda que se ha venido manteniendo desde entonces en situaciones políticas muy diversas y por actores de intenciones incluso antagónicas. Años más tarde, en el caso de Navarra, surgiría una Asociación *Euskara*, ya en la octava década del siglo, que reclamaba un regreso al régimen anterior de 1839 y que, por parte de algunos de sus teóricos, consideraría ilegítima la incorporación de Navarra a la Corona de Castilla; todo ello en profunda controversia mantenida con los tradicionalistas navarros. Esos planteamientos, en buena medida, serían retomados por el nacionalismo vasco posterior.

Prosiguiendo con Navarra, la ley de 1839 enlazó con la denominada Ley Paccionada de 1841, por la que se instauró el Régimen Foral de Navarra, con una amplia autonomía; en gran medida fruto de la voluntad política y pragmatismo de los liberales navarros. En sus 26 artículos se regulaba el gobierno político y militar, la administración de justicia, los ayuntamientos, montes y la Hacienda.

La última guerra carlista acarreó la abolición de los fueros vascos mediante la Ley de 21 de julio de 1876, manteniéndose únicamente una pequeña parte de los mismos, en forma de «Conciertos Económicos», por los que se regulaban las relaciones en el ámbito tributario y de la financiación de servicios públicos.

Esta ley abolitoria de 1876 generó una verdadera conmoción en Vascongadas, que afectó tanto a liberales como a republicanos y tradicionalistas-carlistas. Fruto de este movimiento fue el periódico *La Paz*, editado en Madrid por fueristas vascos y navarros, presentado de la siguiente manera: «Este periódico no tiene color político ni pertenece a partido ninguno. Su exclusiva misión es defender los Fueros de las Provincias Vascongadas y Navarra»[15]. Un fuerismo, por tanto, apartidista; si bien consciente de la conformación de una identidad colectiva susceptibles de múltiples interpretaciones. Es más, llegaron a existir partidos políticos estrictamente foralistas, caso del Partido Fuerista (prácticamente extinguido en 1886, siendo desplazado en buena medida por el tradicionalismo, al menos en Navarra), la Liga Foral Alavesa (1905), la Hermandad Alavesa (1930), etc.

El 1 de octubre de 1936, las Cortes Republicanas, ya en plena guerra civil, aprobaron un Estatuto Vasco de Autonomía, constituyéndose el primer Gobierno Vasco; limitándose a Vizcaya y por unos meses.

El régimen político resultante de la Guerra Civil española de 1936-1939 no modificó el Régimen Foral de Navarra; igualmente se respetó el Concierto de Álava. Los de Vizcaya y Guipúzcoa fueron eliminados.

A lo largo de la Transición española al régimen democrático actual, los nacionalistas vascos recuperaron cierto discurso foralista, lo que desembocaría en la Disposición Adicional Primera según la cual «la Constitución ampara y respeta los derechos históricos de los territorios forales». No obstante, el

---

[15] https://ianasagasti.blogs.com/mi_blog/2018/10/fuerismo-y-foralismo.html

PNV no votó a favor de una Constitución, la del 78, que facilitó que el País Vasco alcanzara una autonomía con el máximo techo competencial; que todavía hoy sigue superándose.

Las doctrinas foralistas también alimentaron a formaciones del centro-derecha vasco. Así ocurrió con la Unión Foral del País Vasco (1979), experiencia en buena medida frustrada por el brutal asesinato de varios de sus dirigentes por ETA. Sus militantes se integrarían en Coalición Popular y, finalmente, Partido Popular. Otro caso fue el de Unidad Alavesa, partido que desarrolló un buen ciclo político, mayormente en Vitoria, entre 1989 y 2005, en que se disolvió abruptamente.

En Navarra, por aquellos convulsos años, el foralismo recaló inicialmente en Alianza Foral Navarra, heredera del tradicionalismo-carlista, Unión de Centro Democrático, en cierto modo en el efímero Frente Navarro Independiente, posteriormente en Unión Demócrata Foral (liderado por el historiador, jurista y político Jaime Ignacio del Burgo, sin duda el fuerista navarro más representativo y creativo en estas décadas) y, particularmente, en Unión del Pueblo Navarro. Su escisión, Convergencia de Demócratas de Navarra, también fue una formación foralista. En la actualidad, la coalición panvasquista Geroa Bai, de la que forma parte el pequeño PNV navarro, también se arroga la defensa exclusivista y puntillosa del fuero frente a los presuntos «abusos del poder central».

La Constitución Española de 1978 ampara y respeta los derechos históricos de Navarra. De tal modo, su discutida, hasta hoy mismo, Disposición Transitoria Cuarta establece:

«1. En el caso de Navarra, y a efectos de su incorporación al Consejo General Vasco o al régimen autonómico vasco que le sustituya, en lugar de lo que establece el Art. 143 de la Constitución, la iniciativa corresponde al Órgano Foral competente, el cual adoptará su decisión por mayoría de los miembros que lo componen. Para la validez de dicha iniciativa será preciso, además, que la decisión del Órgano Foral competente sea ratificada por referéndum expresamente convocado al efecto, y aprobado por mayoría de los votos válidos emitidos.

»2. Si la iniciativa no prosperase, solamente se podrá reproducir la misma en distinto período del mandato del Órgano Foral competente, y en todo caso, cuando haya transcurrido el plazo mínimo que establece el Art. 143».
En 1979 se aprobaría el Estatuto Vasco, por Ley Orgánica 3/1979 de 18 de diciembre, conocido como de Guernica.

Tras las elecciones forales de 1979, se negociará mediante un pacto el marco jurídico e institucional de Navarra[16], lo que concluiría con la Ley Orgánica de Reintegración y Amejoramiento del Fuero de Navarra 1982.

Debe recordarse que los nacionalistas vascos votaron en contra del Amejoramiento; tanto en el Parlamento de Navarra como en las Cortes Generales. PNV, EE, *Amaiur* y *Herri Batasuna*, las fuerzas panvasquistas de entonces, entendían, cada uno con sus matices, que la Constitución y el Amejoramiento consagraban la división territorial de Euskal Herria e impedían su independencia; de hecho llegaron a presentar alguna iniciativa que pretendía un

---

[16] Cuyo texto fue aprobado por el Parlamento Foral el 15 de marzo de 1982 con 49 votos a favor (UCD, PSN-PSOE, UPN y Partido Carlista), 5 en contra (PNV y EE). No asistierón los 16 parlamentarios de *Herri Batasuna* y *Amaiur*.

referéndum para la incorporación de Navarra al País Vasco[17].

Otro comportamiento político muy distinto al de los nacionalistas es el protagonizado por los socialistas vascos y navarros ante los embates de los primeros. Puede afirmarse que todos ellos han aceptado —si bien, en el caso de los navarros, muy recientemente- la construcción de una Euskal Herria cultural y política que agrupe a las dos comunidades; aceptando las directrices lingüísticas nacionalistas, que impulsan la implantación del euskera batúa como método de concienciación y articulación social. En este sentido, es coherente su aquiescencia a la reciente ampliación del Protocolo General de Cooperación entre la Comunidad Autónoma Vasca y Navarra, fechado el 10 de diciembre de 2021[18]; lo que tiende hacia una confederación encubierta de facto, eludiendo la aplicación de la Disposición Transitoria Cuarta de la Constitución Española.

Pero volvamos a los orígenes de la controversia foralista y a sus diversas interpretaciones.

Cuando Luis Arana, en las míticas conversaciones de 1882 con su hermano Sabino -en los jardines de Albia delante de su casa solar actualmente ocupada por la sede central del

---

[17] El 11 de octubre de 1979, *Euskadiko Ezkerra* y ORT-PTE presentaron en el Parlamento Foral de Navarra una moción para hacer efectiva la Disposición Transitoria Cuarta de la Constitución y así poder convocar un referéndum para la incorporación de Navarra al País Vasco. En diciembre, la Comisión de Régimen Foral del Parlamento la rechazó con los votos a favor de HB, PNV y *Amaiur*; UCD y UPN en contra; PSOE y el Partido Carlista se abstuvieron.

[18] Puede consultarse su texto íntegro en https://www.navarra.es/es/-/navarra-y-euskadi-ampl%C3%ADan-y-actualizan-el-protocolo-general-de-colaboraci%C3%B3n-entre-ambas-comunidades

PNV en Bilbao- le descubre sus visiones y revelaciones políticas, no es el foralismo lo que le mueve: es la conciencia de pertenecer a una raza especial, católica, que conserva mal que bien un idioma único y que carece de Estado propio: ¡no se podía ser a la vez vizcaíno y español!

Sin embargo, el PNV, para alcanzar la legalización, necesitó disimular su independentismo. Al parecer fue un tal Miguel Cortés Navarro -un *maqueto* que se ganaría la confianza de Sabino Arana- quien tuvo la ingeniosa idea de remitirse a los fueros abolidos en Vascongadas como causa eficiente de su existencia; de modo que el PNV sería «el único partido de orden que aspira a conseguir para su desgraciado pueblo la felicidad que le fue arrebatada por la infausta ley de 1839» (*Patria*, enero 1904) [19].

Aquí radica el origen de la confusión oportunista del PNV que todavía mantiene: la Ley de 1839 permitió la supervivencia y actualización de los fueros en un régimen liberal; el PNV, por el contrario, entiende que esa misma ley supuso la desaparición de aquellas libertades. De tal modo, existe una clara dicotomía que el PNV siempre explota a su favor, también en los debates constitucionales de 1978. Cuando sus líderes se arrogan la defensa más plena del foralismo vasco y navarro, vuelven a incurrir en la misma confusión: no les interesan los fueros, realmente, salvo como herramienta para socavar España por medio de un chantaje victimista permanente, siempre insatisfecho, traducido en nuevas competencias; para, un día, romperla.

Aunque en puridad de conceptos este debate, salvo acumulando centenares de fuentes secundarias al gusto

---

[19] *Foralismo no es nacionalismo, artículo de* Pedro José Chacón Delgado, *El Diario Vasco,* 29 de septiembre de 2021.

victimista de los nacionalistas, sea nítido, persisten en retorcer la realidad histórica de los fueros proponiendo nuevas fórmulas que únicamente pretenden el mismo objetivo de siempre: debilitar España para un día, soltar amarras. Es lo que sucedió con la propuesta de «Nación Foral» del lendakari Íñigo Urkullu. Un concepto contradictorio en sí mismo, no en vano los fueristas fueron españolistas que pretendían perfeccionar el sistema foral dentro de España; no saliendo de ella. En consecuencia, para el supuesto foralismo del PNV, y otros nacionalistas que se vienen apuntando a la moda, pero también para superficiales analistas mesetarios amigos de las respuestas sencillas y tendencialmente jacobinos, el foralismo sería un protonacionalismo que, inevitablemente arrastraría al secesionismo.

El propio Sabino Arana odiaba a los foralistas de entonces, unánimemente españolistas, de los que afirmaba: «conocieron a su patria pero no la amaron, sino que la entregaron en manos de sus enemigos»[20]. Se refería a personalidades vascas y navarras de la época como Fidel de Sagarmínaga, los hermanos Carmelo y Bonifacio Echegaray, Estanislao Jaime de Labayru, Antonio Arzac, Antonio de Trueba, Juan Iturralde y Suit, etc. Por todo ello, Pedro José Chacón Delgado se interroga: «¿No cabría más bien, a la vista de esta realidad, considerar al nacionalismo vasco como una ruptura en toda regla respecto del fuerismo, del carlismo y de la llamada cultura de los euskaros? De lo que cabría hablar, en realidad, es de una revolución dentro de la tradición, habida

---

[20] Referenciada en el artículo de Pedro José Chacón Delgado *El Juan Sebastián Elcano: memoria viva de España* (https://www.elespanol.com/opinion/tribunas/20190715/juan-sebastian-elcano-historia-viva-espana/413828615_12.html).

cuenta de que de ese modo se entienden mucho mejor todos los desarrollos, tanto anteriores como posteriores al nacionalismo, en la historia del pensamiento político vasco»[21].

Esa «revolución dentro de la tradición», verdadera ruptura cultural y política diríamos hoy, no es otra cosa que la columna vertebral de la estrategia del PNV; siempre al servicio de la ensoñación colectiva como instrumento de poder y control social. Una perfecta maquinaria política de múltiples derivaciones económicas.

---

[21] Chacón Delgado, Pedro José: *El concepto de prenacionalismo vasco: definición y crítica*, Monografía alojada en la web de la Asociación Española de Ciencia Política y de la Administración, pág. 20.

4.- JOSEPH AUGUSTIN CHAHO, EL PRECURSOR INCOMPRENDIDO

Cualquier aproximación a la cosmovisión panvasquista, que se precie, precisa asomarse aunque sea someramente, tal y como nosotros haremos, a la figura y trascendencia del francés Joseph Augustin Chaho (Tardets, 1810-Bayona, 1858); un personaje, ya en vida, tan cuestionado como contradictorio.

En el contexto de la Primera Guerra Carlista, Chaho se movió con soltura entre ambos contendientes; lo que le generó acusaciones de «agente doble». Otros entendieron que se trataba de un intoxicador autor de sorprendentes *fake news* propias de la época.

Políticamente hablando fue un progresista romántico; considerándose socialista, republicano y radical. Hombre de pensamiento, pero también de acción, encabezó la revolución de 1848 en Bayona. Apasionado por las ciencias ocultas, estaba especializado en lenguas exóticas. Con semejante acervo, y especialmente por sus propuestas etnicistas, sería considerado, en lenguaje de hoy, como un verdadero *friki*. Lo cierto es que, en su propio tiempo, casi nadie lo tuvo en demasiada consideración.

Sus juicios políticos fueron extravagantes, o del todo errados: Zumalacárregui, a su decir, era un militar ¡liberal!; y Carlos VI, un aspirante a ¡monarca constitucional!

Fue un promotor del independentismo vasco, si bien únicamente lo promovió en nuestro lado del Pirineo; no parece, por tanto, que quisiera molestar a sus compatriotas franceses, seguramente, consciente de que los jacobinos no se andaban con tonterías... Y mientras defendía a los carlistas, Chaho era ¡comandante de la Guardia Nacional! en Bayona. Unitario y centralista en Francia..., federalista en España.

Sin embargo, pasará a la historia por ser señalado, años después, como el iluminado precursor que concibió las bases del vasquismo independentista: una raza, una lengua, una visión propia del mundo, un pueblo dividido por las fronteras artificiales de España y Francia, una voluntad de independencia.

El escritor Jon Juaristi considera que la cosmovisión que Chaho «descubrió» en los vascos apenas era una simple adaptación de los mitos arios que los románticos alemanes reelaboraban por entonces. Ciertamente todo ello coincidía en el tiempo con las primeras traducciones de los textos brahmánicos y del Avesta. Recordemos que Chaho era especialista en lenguas hindúes".

Joseph Augustin Chaho inventó, entre otros, el mito de Aitor, que muchos consideran ya presente en la noche de los tiempos, y que Chaho elaboró a su entero gusto. También dedicó uno de sus libros al *Zazpiak-Bat* (siete en uno). Fue, en muchos aspectos relacionados con los ingredientes del panvasquismo, un precursor; mejor dicho, «el».

Su obras más decisivas, desde una perspectiva estrictamente política, fueron *Paroles d'un bizkaïen aux libéraux de la reine Christine*[22] y *Voyage en Navarre pendant l'insurrection*

---

[22] *Palabras de un vizcaíno a los liberales de la reina Cristina*. París, 1934.

des basques. 1830-1835[23]. Ya por el título se entendía que la Primera Guerra Carlista, según él, era un intento vasco de recuperar la independencia perdida... Un verdadero visionario.

Por lo que respecta a su delirio independentista, salvo Lesseps, su editor de Bayona, no tuvo seguidores ni discípulos durante 40 años, tras los que fue redescubierto por *euskaros* y protonacionalistas.

---

[23] *Viaje por Navarra durante la insurrección de los vascos.* Bayona, 1836.

5.- SABINO ARANA: PADRE DE TODOS LOS NACIONALISTAS VASCOS.

El considerado unánimemente como «padre» del nacionalismo vasco, Sabino Arana Goiri, nació en 1865 en el seno de una acaudalada familia naviera, de convicciones carlistas, que se arruinó con la tercera carlistada. Fue su hermano Luis quien concibió la idea de que el carlismo estaba acabado y que la supuesta decadencia vizcaína estaba motivada por su vinculación con los españoles; lo que acarrearía ulteriormente la desaparición de los fueros en 1839.

La mitología del PNV recuerda que fue en la primavera de 1882, el domingo de Resurrección, cuando Luis compartió sus ideas con Sabino, quien experimentó una especie de iluminación y conversión. Si bien su idioma materno era el español, se empeñó desde entonces en estudiar el vascuence.

Entre 1889 y 1890 escribió varios artículos en los que dibujaría las bases de su pensamiento. Uno de ellos fue *Cuatro glorias patrias*, a saber, las batallas de Padura o Arrigorriaga, Gordexola o Gordejola, Ochandiano (1355) y Munguía (1480); a raíz de las cuales —siempre a su juicio— los vizcaínos habrían perdido su independencia ante leoneses y castellanos. No obstante, de la supuesta batalla de Padura no existe testimonio historiográfico alguno; y las otras tres no pasaron de simples escaramuzas propias de luchas señoriales y banderizas de la época. Esos primeros artículos dieron lugar en 1892 a su librito *Bizkaya por su independencia*, opera prima del nacionalismo vasco.

El 3 de junio del año siguiente pronunció un discurso en Larrazábal en una merienda de los denominados *euskalerriacos,* foralistas nostálgicos y estudiosos del vascuence. Sabino afirmó, entonces, que «Aquella Vizcaya que supo guardar su independencia al precio de la sangre de sus hijos, venciendo en mil combates al musulmán, al hispano, al galo y al sajón (...) temida, aunque pequeña, por todas las naciones (...) vedla ya en el siglo XVIII, intoxicada por el virus españolista, anémica y sin fuerzas para oponerse a un contrafuero, y por último en este nuestro siglo despedazada por la furia extranjera, y expirante, que no muerta lo cual fuera preferible, sino humillada, pisoteada y escarnecida por España, por esa nación enteca y miserable»[24]. Y si malos eran los españoles, peores los vizcaínos renegados. Además ideó su primer lema: *Jaun-Goikoa eta Lagi-Zarra*; atribuyendo a Dios su empeño y patrocinio.

Su movimiento político-cultural inicialmente se limitaba a Vizcaya, de ahí su denominación de *Bizkaitarra*. En 1884 lanzó su órgano de comunicación con esa misma denominación.

Por entonces eran muchos los españoles que, procedentes de otras provincias, emigraban a Vascongadas en busca de trabajo. Denominándolos despectivamente *maketos,* Sabino les atribuía todo los males del país, calificándoles de afeminados, impíos, blasfemos, criminales, masonizados, librepensadores, anarquistas, incrédulos, brutales, incultos,

---

[24] Las citas de Sabino Arana que reproducimos en este libro son literales y textuales, de modo que el lector encontrará, acaso, algunas incorrecciones que no señalaremos para no dificultar su lectura, así como términos ya en desuso y otros propios de su genio creativo. Cita consultada, en este caso, en https://www.sabinoaranagoiri.eus/PDF/PDF145.pdf.

vagos por naturaleza... Sin duda, hoy pasaría como un xenófobo de libro cuando afirmaba, en un texto por el que celebraba el fin de la emigración china a Estados Unidos, que «La plaga suprema que ha caído sobre nosotros ha sido la inmigración de familias y aún tribus enteras procedentes de luengas tierras. Chinos como los auténticos de coleta y tan dañosos aquí como sus congéneres lo fueron en Norteamérica, forman por regla general en lo que aquí se llama socialismo y constituyendo verdaderos cuerpos de ejército, caen sobre las minas, las fábricas, sobre las obras todas que se presentan al paso, ocupándolas»[25].

Por contra, su modelo ideal sería el del *casero* vasco, sencillo, trabajador, honrado, católico y fiel. Aquí Sabino se manifiesta anti-industrial y enemigo del progreso material y técnico. De hecho, su segunda publicación se llamó *Baserritarra*.

Era tal su menosprecio a España que le privó de su propio nombre, en sus escritos, denominándola despectivamente *Maketania*.

Pero sus palabras las elevó a categoría de hecho en cuanto pudo. Así, el *Euzkeldun Batzokija*, centro político fundado por él en julio de 1894, establecía en sus estatutos en su artículo 27: «Queda absolutamente prohibida la entrada en el local de la Sociedad a extranjeros que profesen otra religión o que procedan de nación enemiga de Vizcaya»[26].

---

[25] En *Sabino Arana, la fundación del nacionalismo vasco y el uso del modelo historiográfico español*, Fernando Wulff Alonso, *Dialogues d 'histoire ancienne,* Nº 26/2, pág. 203, Presses Universitaires Franc-Comtoises, Besanzón, 2000.

[26] https://belosticalle.blogspot.com/2013/09/el-bachoqui_16.html

A su juicio, los vascos habrían sido explotados por España, no en vano «ayudaron a conquistar sus tierras contra los moros, a explorar el océano, a someter las Indias, a pelear contra turcos y europeos (...) Donde quiera que en España se inicien empresas de desarrollo, de vida y de progreso, allí se ve al vasco (...) Buenos Aires fue por nuestro Garay fundada; a aquella América de promisión la dio un Bolívar su libertad»[27]. Vascos, pues ¡al servicio de España!; mal que le pesara.

Para Sabino, la raza vasca sería «tan distinta de la española, como lo es de la china o de la zulú», formando «la nación más noble y más libre del mundo entero», caracterizándola como «raza singular por sus bellas cualidades, pero más singular aún por no tener ningún punto de contacto o fraternidad ni con la raza española, ni con la francesa, que son sus vecinas, ni con raza alguna del mundo»[28].

Otra nota distintiva, según Arana, entre *maketos* y vascos, radicaría en el papel del catolicismo: «El pueblo español, no obstante los largos siglos en que ha gozado de gobierno y legislación católicos, siempre se ha resistido a su benéfica influencia, siempre ha permanecido irreligioso e inmoral»[29], además, «predican el catolicismo y el españolismo unidos, como si en la práctica fueran compatibles»[30].

---

[27] Cita textual recogida por Pío Moa en *Una historia chocante. Los nacionalismos vasco y catalán en la historia contemporánea de España,* pág. 32, Ediciones Encuentro, Madrid, 2004.

[28] González Cortés, María Teresa: *Los monstruos políticos de la Modernidad,* Ediciones de la Torre, Madrid, 2077, página 343.

[29] http://www.sabinetxea.org/libro/libro/12.html

[30] Moa, Pío, obra citada, página 37.

Por lo que respecta a la obra española en América: «Los estados americanos hoy más masonizados en sus ideas y más corrompidos por tanto en sus costumbres, han sido también ¡qué casualidad! posesiones españolas»[31]. Unos juicios, sin duda, por completo propios del integrismo religioso de entonces.

Columna decisiva de su construcción política será el idioma. Reproduciremos a continuación algunas de sus memorables afirmaciones al respecto.

«Olvida esa tu lengua, sí. Pero si el *maketo*, penetrando en tu casa, te arrebata a tus hijos y tus hijas, para quitar a aquéllos su lozana vida y prostituir a éstas... ya entonces no llores». «El euzkera apenas sirve más que para hablar de las labores del campo, encierra en sí elementos abundantísimos que, bien desarrollados, le harían de hecho la lengua más rica del mundo».

Pero, aunque importante el idioma, más lo era la raza para Arana, no en vano «la pureza de la raza es como la lengua, uno de los fundamentos del lema vizcaíno, y mientras que la lengua, siempre que haya una buena Gramática y un buen diccionario, puede restaurarse aunque nadie la hable, la raza, en cambio, no puede resucitarse una vez perdida». Además, «Tanto están obligados los bizkaínos a hablar su lengua nacional, como a no enseñársela a los maketos o españoles (...) Si nuestros invasores aprendieran el Euzkera, tendríamos que abandonar éste». En consecuencia, «Gran daño hacen a la Patria cien maketos que no saben euskera. Mayor es el que le hace un maketo que lo sepa». «Para nosotros sería la ruina que los maketos residentes en nuestro

---

[31] *Baserritarra*, nº 11, 11/07/1897. https://www.sabinoaranagoiri.eus/PDF/PDF26.pdf

territorio hablaran Euzkera». «Aquí padecemos muy mucho cuando vemos la firma de un Pérez al pie de unos versos euzkéricos, oímos hablar nuestra lengua a un cochero riojano, a un liencero pasiego o a un gitano, o cuando al leer la lista de marineros náufragos de Vizcaya tropezamos con un apellido maketo»[32].

Sabino observó que «su raza» no tenía nombre propio en su idioma; de ahí que de la unión de la raíz *euzko* (que él asociaba a *eguzki*, sol) con el sufijo *di* (conjunto) construyera su Euzkadi. Se ha objetado que fue una construcción nada afortunada, no en vano *di* se refiere a los vegetales... ¿Vascos vegetales? Unamuno será uno de sus primeros críticos en este sentido.

Su primera «acción política» ya estuvo marcada por el rechazo a lo español, constituyendo el precedente de una triste escena cientos de veces reiterada a lo largo de décadas -también por los asesinos de ETA- que dio lugar al episodio conocido como la «Sanrocada». El 16 de agosto de 1893, el Orfeón Pamplonés viajó a Guernica. En el transcurso de la comida-homenaje subsiguiente, varios vizcaitarras gritaron «¡Muera España!» y «¡Viva Euskeria independiente!» Por la tarde quemaron varias banderas españolas.

El 31 de julio de 1895 se crea el primer *Bizkai Buru Batzar* presidido por Sabino: ha nacido el Partido Nacionalista Vasco.

Arana entró en la cárcel bilbaína de Larrinaga el 28 de agosto de 1895 acusado de diversos delitos (alboroto, conspiración a la rebelión). No parece que su encarcelamiento fuera muy severo, si observamos el menú de

---

[32] Moa, Pío, obra citada.

Nochebuena que degustó en prisión aquel año: de entremeses, aceitunas y anchoas; como platos principales, ostras, sopa de chirlas, ensalada de alubias, bacalao en salsa roja, angulas, besugo, bermejuelas, merluza frita y caracoles en salsa roja. De postre compota de manzana, pastel de ponche suizo, mazapanes y turrón de Jijona y yema. Todo ello bien regado con vino de Aranburuzabala, *txakoli* blanco, jerez, oporto, licor *chartreuse* y café[33]. Permaneció en prisión hasta el 11 de enero de 1896.

El 11 de septiembre de 1898, Sabino Arana fue elegido diputado provincial de Vizcaya con el apoyo del grupo foralista liberal encabezado por el naviero Ramón de la Sota y su periódico *Euskalduna*.

El 14 de mayo de 1899 el PNV ganó la elección de cinco candidatos para el ayuntamiento de Bilbao, otros cinco en Bermeo y varios más en Arteaga y Mundaka; siendo elegido el primer alcalde nacionalista vasco, Salvador Etxeita.

El matrimonio de su hermano le había causado desazón a Sabino, no en vano, Luis había euskerizado los apellidos de su mujer, Egüés Hernández, una cocinera *maketa* de Huesca, transformándolos en Eguaraz Hernandorena.

Por su parte, Sabino se comprometió con la campesina Nicolasa Achicallende Iturri. En diciembre de 1899 le recordó en una carta que «Uno de tus deberes principales es el de estar sumisa a mis mandatos y obedecerme en todo lo que no vaya contra Dios»[34].

---

[33] *El menú de Nochebuena de Sabino Arana en la cárcel: ostras, angulas y licores*, Ana Vega Pérez de Arlucea, *El Diario Vasco*, 27/12/18.

[34] Cita reproducida en *Sabino Arana, el primer ayatolá de los vascos*, Jorge Bustos, *El Mundo*, 20/08/20.

José Luis de la Granja, catedrático de Historia Contemporánea en la Universidad del País Vasco, cita al respecto otra carta de Sabino escrita a un amigo: «La mujer es vana, es superficial, es egoísta, tiene en sumo grado todas las debilidades propias de la naturaleza humana. (...) Es inferior al hombre en cabeza y en corazón. (...) ¿Qué sería de la mujer si el hombre no la amara? Bestia de carga, e instrumento de su bestial pasión: nada más»[35].

Nicolasa, por su parte, si bien «su físico no pasa de regular ni en el rostro ni en el talle», siempre a decir de Sabino Arana, se mostraba «humilde, obediente, sencilla y modesta, amantísima de sus padres, caritativa, despejada, sufrida, laboriosa, económica»[36]. Pero, ¿era una auténtica vasca? El primer apellido, Achicallende, le resultó sospechoso a Sabino, pero descubrió que realmente era Achica, al haber añadido el *allende* un tío de su padre por primera vez. Tranquilo se quedó al verificar que «son ya 126 los apellidos de mi futura esposa que tengo hallados y puestos en cuadro sinóptico o árbol genealógico: todos ellos son euskéricos. Procuraré suprimir el *allende*». La pareja se casó el 2 de febrero de 1900 en Sukarrieta.

Nicolasa no fue feliz, de hecho reprochó a Sabino en varias cartas sentirse como «una esclava». Fallecido su esposo, a pesar de las dificultades que le presentó su cuñado Luis, pues era del parecer de que una viuda debía guardar duelo el resto de su vida, terminó desposándose con el marino

---

[35] En *Sabino Arana 'el machista'*, Leyre Iglesias, *El Mundo,* 03/11/2015.

[36] Citas de una carta de Sabino recogidas en la revista en vascuence *Argia,* 25/12/2005.

Eugenio Alegría de Sukarrieta el 9 de mayo de 1910[37]. No tuvieron hijos. Eugenio murió en 1918 a causa de la gripe en Gijón. Nicolasa murió el 20 de marzo de 1951. Siempre permaneció alejada del PNV.

Las elecciones municipales de 1901 supusieron otro éxito para el PNV, logrando seis concejales más en Bilbao y otros tres en Bermeo.

Sabino Arana, el 25 de mayo de 1902, intentó enviar un telegrama de felicitación por la independencia de Cuba al presidente de Estados Unidos, Theodor Roosevelt; sugiriendo que igual que había apoyado a los rebeldes cubanos, debiera hacerlo de idéntico modo con los vascos... No llegó a ser cursado por los empleados; siendo procesado por traición por ello e ingresando nuevamente en prisión.

Al mes de estar en prisión, Sabino Arana exteriorizó un cambio estratégico. Según un artículo que publicó en el órgano peneuvista *La Patria,* «Los buenos vascos seguirían trabajando por su pueblo, pero sin considerarlo aisladamente, sino dentro del Estado español»[38], de modo que a sus seguidores les pedía «que en principio están conformes conmigo para hacer que el Partido Nacionalista deje de ser esto y empiece a ser españolista. 2°, que a mí (...) me encomiendan la labor de redactar el proyecto de

---

37 https://tianicolasa.blogspot.com/2019/07/la-tia-nicolasa.html

38 De Pablo, Santiago: *El nacionalismo vasco ante el Estado español (1895-1937),* revista *Studia Histórica,* Universidad de Salamanca, n°. 18, 2000, página 82.

programa y la organización y el cuidado de convocar la asamblea...»[39].

Algunos historiadores nacionalistas consideran que este cambio fue fruto de sus circunstancias personales: el encarcelamiento y una dolencia que padecía le habrían debilitado, volviéndolo menos ambicioso. Sabino Arana sufría la enfermedad de Addison, efectivamente; pero entre los efectos de la misma no figura el trastorno mental ni nada similar. Aquella propuesta hasta tuvo un nombre: Liga de Vascos Españolistas. Pero sus seguidores del PNV no lo entendieron; particularmente Ángel Zabala, quien sería su sucesor. Trataremos la cuestión más detenidamente en el apartado octavo de este texto.

Puesto en libertad el 8 de noviembre de 1902, pasó a Francia al tener conocimiento que su excarcelación había sido recurrida. Regresó en enero de 1903, cediendo en septiembre siguiente la dirección del partido. Falleció el 25 de noviembre del mismo año a los 38 años de edad.

Además de los elementos doctrinales y tácticos ya comentados, Sabino Arana, considerado por sus seguidores como Padre, Profeta y Maestro, con mayúsculas, fue el autor de muchas expresiones que darán forma al PNV: la bandera a la que denominó *ikurriña*, muchísimos nombres de persona que inventó en vasco, un himno, el término *abertzale* (amante de la raza), el *Gora Euzkadi azkatuta!* (literalmente «¡Arriba Euzkadi suelta!»), etc. Cambió numerosas palabras para quitarles la raíz latina o inventó otras.

---

[39] *La Patria*, n° 37, 6/071902, *Aclaraciones*. https://www.sabinoaranagoiri.eus/PDF/PDF193.pdf

En definitiva: Sabino Arana proporcionó al nacionalismo vasco sus principales mimbres doctrinales, una estrategia a largo plazo con unos objetivos bien definidos, unos mitos fundadores con sus instrumentos de penetración cultural, unas tácticas organizativas.

Reproducimos, a continuación, diversas citas de Sabino Arana; por considerarlas ilustrativas de una cosmovisión que se prolonga, mayormente vigente, aunque adaptada a las exigencias e imperativos socio-culturales de los nuevos tiempos, hasta hoy.

6.- UN EJERCICIO DE MEMORIA HISTÓRICA: BREVE ANTOLOGÍA DE SABINO ARANA

Los nacionalistas vascos, sean de filiación *jeltzale* o etarra, suelen mostrarse indiferentes cuando se les recuerdan las controvertidas «perlas» de su fuente primigenia, es decir, Sabino Arana. Como respuesta suelen asegurar que no son del todo ciertas; o que están distorsionadas; que son fruto de épocas pretéritas y deben por ello entenderse en aquel contexto; que el nacionalismo se ha modernizado y despegado, en consecuencia, de muchos de sus iniciales presupuestos...

Lo cierto es que la sede central del PNV se llama *Sabin Etxea*, mostrándose los *jetzales* muy orgullosos de su emplazamiento y tradición. La propia *Wikipedia* dice: «*Sabin Etxea* (en euskera, Casa de Sabino, refiriéndose a Sabino Arana) se encuentra ubicada en el número 16 de la calle Ibáñez de Bilbao, en el barrio de Abando de la villa de Bilbao y constituye la sede central del Partido Nacionalista Vasco. *Sabin Etxea* está construida sobre el solar de la antigua casa de la familia de Sabino Arana Goiri y conserva en su interior algunos trozos o escombros como por ejemplo la barandilla metálica de uno de los balcones de la casa original». No parece, por tanto, que los hijos espirituales de Sabino Arana se muestren para nada acomplejados de los explicables excesos de aquél; por contra, están orgullosos de disfrutar de un pasado tangible que conservan con fe casi religiosa.

Ciertamente, en algunos aspectos el nacionalismo se ha reinventado: es el caso del idioma como instrumento prioritario de construcción nacional y no la raza; una deriva que Sabino Arana -quien entendía que el mayor mal que podía aquejar al euskera es que fuera hablado por españoles y no por vascos étnicamente puros y de convicciones católicas- difícilmente podría asumir como propia.

Reproduciremos, a continuación, algunas citas textuales más de Sabino Arana.

«El bizkaino es de andar apuesto y varonil; el español o no sabe andar, o si es apuesto, es tipo femenino». *Bizkaitarra*, n° 29[40].

«Es preciso aislarnos de los maketos. De otro modo, aquí en esta tierra que pisamos, no es posible trabajar por la gloria de Dios». *Bizkaitarra*, n° 19[41].

«Nosotros, los vascos, evitemos el mortal contagio, mantengamos firme la fe de nuestros antepasados y la seria religiosidad que nos distingue, y purifiquemos nuestras costumbres, antes tan sanas y ejemplares, hoy tan infestadas y a punto de corromperse por la influencia de los venidos de fuera». *La Patria*, n° 39[42].

«Conste que desde luego que de ese roce del maketo con el bizkaino solo brotan en este país irreligiosidad e

---

[40] https://www.sabinoaranagoiri.eus/PDF/PDF64.pdf

[41] https://www.sabinoaranagoiri.eus/PDF/PDF54.pdf

[42] https://www.sabinoaranagoiri.eus/PDF/PDF195.pdf

inmoralidad. Eso lo demuestran los hechos y se explica perfectamente». *Bizkaitarra*, n° 6 bis[43].

«Ya hemos indicado, por otra parte, que el favorecer la irrupción de los maketos es fomentar la inmoralidad en nuestro país; porque si es cierto que las costumbres de nuestro Pueblo han degenerado notablemente en esta época, débese sin duda alguna a la espantosa invasión de los maketos, que traen consigo la blasfemia y la inmoralidad». *Bizkaitarra*, n° 10[44].

«Nosotros odiamos a España con nuestra alma, mientras tenga oprimida a nuestra Patria con las cadenas de la esclavitud. No hay odio que sea proporcionado a la enorme injusticia que con nosotros ha consumado el hijo del romano. No hay odio con que puedan pagarse los innumerables daños que nos causan los largos años de dominación». *Bizkaitarra*, n° 16[45].

«Nosotros a ningún maketo, a ningún españolista odiamos tanto como al español o españolista que, conociendo de alguna manera la historia de Bizkaya, se la da falseada, adulterada y españolizada al pueblo bizkaino, para servirse de él en provecho de algún partido español». *Bizkaitarra*, n° 22[46].

«Ese camino del odio al maketismo es mucho más directo y seguro que el que llevan los que se dicen amantes de los

---

43 https://www.sabinoaranagoiri.eus/PDF/PDF41.pdf

44 https://www.sabinoaranagoiri.eus/PDF/PDF45.pdf

45 https://www.sabinoaranagoiri.eus/PDF/PDF51.pdf

46 https://www.sabinoaranagoiri.eus/PDF/PDF57.pdf

Fueros, pero no sienten rencor hacia el invasor». *Bizkaitarra*, nº 4[47].

«¡Cuándo llegaran todos los bizkainos a mirar como enemigos suyos a todos los que les hermanan con los que son extranjeros y enemigos naturales suyos!». *Bizkaitarra*, nº 22[48].

«Les aterra oír que a los maketos se les debe despachar de los pueblos a pedradas. ¡Ah, la gente amiga de la paz! Es la mas digna del odio de los patriotas». *Bizkaitarra*, nº 21[49].

«Cuando el pueblo español se alzo en armas contra el agareno invasor y regó su suelo con sangre musulmana para expulsarlo, obro con caridad. Pues el nacionalismo bizkaino se funda en la misma caridad». *Bizkaitarra*, nº 28[50].

«Gran numero de ellos parece testimonio irrecusable de la teoría de Darwin, pues más que hombres semejan simios poco menos bestias que el gorila: no busquéis en sus rostros la expresión de la inteligencia humana ni de virtud alguna; su mirada solo revela idiotismo y brutalidad». *Bizkaitarra*, nº 27[51].

«Antiliberal y antiespañol es lo que todo bizkaino debe ser». *Bizkaitarra*, nº 1[52].

---

[47] https://www.sabinoaranagoiri.eus/PDF/PDF37.pdf

[48] https://www.sabinoaranagoiri.eus/PDF/PDF57.pdf

[49] https://www.sabinoaranagoiri.eus/PDF/PDF56.pdf

[50] https://www.sabinoaranagoiri.eus/PDF/PDF63.pdf

[51] https://www.sabinoaranagoiri.eus/PDF/PDF62.pdf

[52] https://www.sabinoaranagoiri.eus/PDF/PDF34.pdf

«En pueblos tan degenerados como el maketo y maketizado, resulta el sufragio universal un verdadero crimen, un suicidio». *Bizakaitarra*, n° 27[53].

«El roce de nuestro pueblo con el español causa inmediata y necesariamente en nuestra raza ignorancia y extravío de inteligencia, debilidad y corrupción de corazón». *Baserritarra*, n° 11[54].

«La fisionomía del bizkaino es inteligente y noble; la del español inexpresiva y adusta. El bizkaino es nervudo y ágil; el español es flojo y torpe. El bizkaino es inteligente y hábil para toda clase de trabajos; el español es corto de inteligencia y carece de maña para los trabajos más sencillos. Preguntadselo a cualquier contratista de obras, y sabréis que un bizkaino hace en igual tiempo tanto como tres maketos juntos». *Bizkaitarra*, n° 29[55].

«El bizkaino es laborioso; el español perezoso y vago». *Bizkaitarra*, n° 29[56].

«El bizkaino degenera en carácter si roza con el extraño; el español necesita de cuando en cuando una invasión extranjera que lo civilice». *Bizkaitarra*, n° 29[57].

«Oídle hablar a un bizkaino, y escuchareis la más eufórica, moral y culta de las lenguas; oidle a un español, y si solo le

---

[53] https://www.sabinoaranagoiri.eus/PDF/PDF62.pdf

[54] https://www.sabinoaranagoiri.eus/PDF/PDF26.pdf

[55] https://www.sabinoaranagoiri.eus/PDF/PDF64.pdf

[56] Referencia anterior.

[57] Referencia anterior.

oís rebuznar, podéis estar satisfechos, pues el asno no profiere voces indecentes ni blasfemias». *Bizkaitarra*, nº 29[58].

«Entre él cumulo de terribles desgracias que afligen a nuestra amada Patria, ninguna tan terrible y aflictiva, juzgada en sí misma cada una de ellas, como el roce de sus hijos con los hijos de la nación española». *Baserritarra*, nº 11[59].

«Muchos son los euskerianos que no saben euskera. Malo es esto. Son varios los que lo saben. Esto es peor. Gran daño hacen a la patria cien maketos que no saben euzkera. Mayor es el que le hace solo maketo que lo sepa. Para el corazón de la Patria, cada vasco que no sabe euzkera es una espina; dos espinas cada vasco que lo sabe y no es patriota; tres espinas cada español que habla euzkera». *Baserritarra*, nº 8[60].

«Etnográficamente hay diferencia entre ser español y ser euskeriano, la raza euskeriana es sustancialmente distinta a la raza española». *Bizkaitarra*, nº 11[61].

«Si fuese moralmente posible una Bizcaya foral y euzkeldun, pero con raza maketa, su realización seria la cosa más odiosa del mundo, la más rastrera aberración de un pueblo». *Bizkaitarra*, nº 4[62].

---

[58] Referencia anterior.

[59] https://www.sabinoaranagoiri.eus/PDF/PDF26.pdf

[60] https://www.sabinoaranagoiri.eus/PDF/PDF28.pdf

[61] https://www.sabinoaranagoiri.eus/PDF/PDF26.pdf

[62] https://www.sabinoaranagoiri.eus/PDF/PDF37.pdf

«¡Ya lo sabéis, Euzkeldunes, para amar el Euzkera tenéis que odiar a España!». *Bizkaitarra*, n° 31[63].

«Si hubieran estudiado una miaja de Geografía política y hubiesen tenido una apizca de sentido común, sabrían que al norte de Marruecos hay un pueblo cuyos bailes peculiares son indecentes hasta la fetidez, y que otro al norte de este segundo pueblo hay otro cuyas danzas son honestas y decorosas hasta la perfección; y entonces les chocaría que el alcalde de un pueblo euskeriano prohibiese bailar al uso maketo, como es hacerlo abrazado a la pareja, para restaurar en su lugar el baile nacional de Euskeria». *Baserritarra*, n° 11[64].

«Morir por la patria, como por la patria se entienda no un pedazo de este planeta que llamamos Tierra, ni un grupo físico de estos habitantes suyos que llamamos hombres considerado solo en orden a su bienestar material, sino la sociedad, pueblo, nación, o gran familia a que por naturaleza pertenezca uno, constituida y organizada en orden al santo fin de toda sociedad de hombres: no es morir por causa mundana, sino morir por Dios, fin último de todas las cosas». *Baserritarra*, n° 4[65].

«Con esa invasión maketa,... la impiedad, todo género de inmoralidad, la blasfemia, el crimen, el libre pensamiento, la incredulidad, el socialismo, el anarquismo... todo es obra suya». *Bizkaitarra*, n° 19[66].

---

[63] https://www.sabinoaranagoiri.eus/PDF/PDF67.pdf

[64] https://www.sabinoaranagoiri.eus/PDF/PDF26.pdf

[65] https://www.sabinoaranagoiri.eus/PDF/PDF21.pdf

[66] https://www.sabinoaranagoiri.eus/PDF/PDF54.pdf

«Que el obrero catalán se lance en brazos del socialismo o del anarquismo, no puede sorprendernos. Pero que los jóvenes vascos busquen en las promesas de gente invasora... ». *La Patria*, n° 18[67].

«Lo que es realmente extraño es que haya un solo obrero euskeriano entre los socialistas... ¿Por qué los obreros euskerianos no se asocian entre si separándose completamente de los maketos y excluyéndolos en absoluto?» *Baserritarra*, n° 5[68].

«Dichosos aquellos antepasados nuestros que perdieron su vida por mantener incólume la independencia de Bizkaya». *Bizkaitarra*, n° 15[69].

«Ningún bizkaino digno de este nombre podría ya vivir en su patria, si no tuviese la esperanza de vengarla algún día». *Bizkaitarra*, n° 15[70].

---

[67] https://www.sabinoaranagoiri.eus/PDF/PDF185.pdf

[68] https://www.sabinoaranagoiri.eus/PDF/PDF22.pdf

[69] https://www.sabinoaranagoiri.eus/PDF/PDF50.pdf

[70] Referencia anterior.

7.- EL MITO FUNDADOR DE LA BATALLA DE PADURA O ARRIGORRIAGA

Ya hemos comentado que Sabino Arana se remontó hasta la Edad Media para encontrar, en tan lejana época, las causas remotas de la que entendía «decadencia vizcaína»; edificando, desde sus recreaciones historicistas, una mitología que sustentara su novedosa concepción nacionalista. Concretamente escribió, con pasión y nervio romántico, en torno a cuatro batallas, o enfrentamientos armados, que habrían acaecido entonces, y que marcarían, a su juicio, un antes y un después en la ascendente historia del pueblo vizcaíno y, por extensión, del vasco en su conjunto.

También hemos afirmado que de la primera de ellas, la de Padura o Arrigorriaga, no existe documento escrito o prueba de cualquier tipo que avale el que tuviera lugar. No obstante, los historiadores y políticos afines, o bien dan por buena la historia acríticamente o, los más audaces, justifican el asunto. Es el caso del gran político nacionalista Iñaki Anasagasti. Veamos lo que afirma en una entrada, de su siempre interesante blog[71], al respecto.

«Si bien es cierto que Sabino de Arana no escribió una Historia de Euzkadi, ni de Bizkaya por falta material de tiempo ante los múltiples y arduos problemas que tuvo que afrontar, las excelencias de su intelecto dieron calidad y hondura a los temas históricos que escribió, como son prueba acabada: la definición precisa de los Fueros Vascos; el

---

71 https://ianasagasti.blogs.com/mi_blog/2018/08/la-batalla-de-arrigorriaga.html

análisis más acertado de la constitución interna y genuina de los Estados Vascos, la interpretación real de la llamada "unión" a Castilla, y las evidencias que se muestran en el concienzudo examen que hiciera de la ley del 25 de octubre de 1839. En su libro "Bizkaya por su Independencia" se relatan "Cuatro Glorias Patrias", cuatro episodios en la lucha por la libertad, de la que una es la narración que, en forma escueta, nos ocupa: "ARRIGORRIAGA" (Su nombre primitivo era Padura y es tradición que esta memorable victoria fue alcanzada en el día de San Andrés - 30 de noviembre)». Observemos que, según Anasagasti, Arana no tuvo tiempo para investigaciones históricas rigurosas..., pero sí para construir toda una cosmovisión nacionalista, así como sus necesarios instrumentos tácticos de futuro.

Más adelante, Anasagasti reproduce en su blog, literalmente, el texto de Sabino Arana en el que narra aquel episodio perdido en la noche de los tiempos, hasta que tuvo la fortuna de rescatarlo. Veámoslo.

«El año 867 del nacimiento de Cristo, D. Alfonso III, que a la sazón reinaba en Asturias y León y que más tarde mereciera de los historiadores el sobrenombre de Magno, se propuso someter a su obediencia a las naciones independientes situadas al oriente de sus dominios y reuniendo gruesas tropas, marchó sobre Alaba, cuya población en su parte montañosa y euskelduna asociada a la Confederación Bizkaina, obedecía entonces a un tal Eilón, y sorprendiendo a aquel pequeño Estado, pudo hacer prisionero a su señor. Eilón fue conducido a Oviedo, donde encerrado en un calabozo, acabó sus días.

Suponiendo el rey leonés que las tierras cuyos destinos regía su cautivo, se extendían desde el Ebro al mar Cantábrico, confiaba que teniéndole en rehenes, todos aquellos pueblos montañeses que entre las llanuras de Alaba y los mares vivían libres de la dominación sarracena y que hablaban un lenguaje muy singular, quedarían sometidos a su poder y le enviarían el impuesto anual que se acostumbraba en semejantes casos. Pero se equivocó. Pues aquellas gentes seguían en sus apartadas tierras prestando única obediencia a sus leyes consuetudinarias.

Irritado D. Alfonso ante esta actitud negativa de los bizkainos, lógica y natural, puesto que nadie les había domeñado, mandó a su hermano o pariente Odoario u Ordoño que al frente de un ejército poderoso se dirigiera pronto a la conquista de Bizkaya.

Esta pequeña nación euskeldun abarcaba en aquellos tiempos más extensión de la que actualmente ocupa. Dentro de este territorio se encerraba un estado y una confederación de repúblicas y la agrupación política de las demás anteiglesias y valles independientes e iguales entre sí que formaban confederaciones menores, origen de las que después se llamaron merindades, y gobernadas por asambleas generales.

Libres e independientes en absoluto regidos por leyes nacidas en su mismo seno, gozaban de una existencia feliz; eran hombres de una raza vigorosa que amaban la independencia más que la vida.

Testigo de ello serán esas cerradas huestes invasoras que, al mando de Ordoño, van llegando silenciosas y atravesando los valles de Orduña y Amurrio, se internan en Bizkaya por las heredades de Luxaondo (Luyando). La penetrante vista del pastor euskaro las ha descubierto ya desde los altos de Izarra y Orduña y trasmítese de monte en monte y de caserío en caserío la noticia de su proximidad. Cada anteiglesia y cada valle organiza su reducido pero aguerrido grupo de combatientes y antes de que el extranjero pise tierra bizkaina, ya se encuentran los montes de Padura y Ugao (Miravalles) coronados de grupos de labradores, pescadores, herreros y pastores convertidos en guerreros, que hormiguean impacientes por comenzar la lucha.

Ordoño, sin embargo, por no comprenderlo, por confiar demasiado en las fuerzas que mandaba o porque no conocía más sistema que el empleado en los llanos, avanza resuelto, siguiendo el curso del río. Pero apenas sus tropas llegan a la angosta vega de Padura, un extraño concierto de cuernos que de las alturas parte les obliga a detener el paso, e inmediatamente un terrible coro de robustas y vibrantes voces atruena los aires; es el grito de guerra del euskalduna, el belicoso irrintzi que lanzado por fornidos pechos, es la señal de que presto habrá de derramar se sangre hirviente por el suelo bizkaino.

Rudo es el combate, sosteniéndose con vigor por ambas partes: los unos veteranos y acostumbrados a luchar desde su adolescencia contra los musulmanes; los otros, gente vigorosa y ágil y de innata destreza y fieros por su independencia.

Mas observan los bizkainos que los golpes que dirigen a muchos de sus enemigos resultan infructuosos, pues cubiertos éstos de una completa armadura, se presentan invulnerables al hierro más certero y rudo. Pero, al cabo, un bizkaino advierte la abertura que muestra un rival entre su parte inferior y la coraza y se vuelve a sus compañeros, gritándoles: saberlian, sabelian sartu (¡en el vientre, clavar en el vientre!) Veloz, este grito cunde por todo el campo, y los brazos de los biskainos causan horrible mortandad entre los invasores.

Sorprendidos éstos por tan brusca y eficaz acometida, y viendo caer fuera de combate a sus mejores jefes y muerto a su mismo capitán Ordoño, decaen de ánimo y, perdidos el valor y la fuerza, acaban por volver las espaldas al bizkaino y correr buscando su salvación.

Queda el campo cubierto de cadáveres y enrojecido de humeante sangre (Arrigorriaga - La Piedra Roja), pero los bizkainos no abandonan su presa hasta hacerla trasponer los límites de la patria, donde hacen alto, ya que no les interesa pasar más adelante, clavando su daga en el vetusto roble que allí se levanta, en doble señal de victoria y de reto a quien osare en son de guerra poner la planta en tierra de Bizkaya».

Fascinante todo ello; una preciosa narración al más puro estilo romántico y medievalista. En ella encontramos, incluso, términos políticos muy modernos, como son «nación», «confederación», «independencia» nacional; pero también ciertas referencias míticas que arraigarán profundamente en la conciencia colectiva del nacionalismo vasco, caso del emotivo y vibrante grito que acompañaría al pueblo vasco desde sus remotos orígenes, o *irrintzi*; siempre presente en toda concentración filoetarra, particularmente en los momentos del canto colectivo del *eusko gudari*.

No obstante, tan emotivos párrafos son fruto exclusivo de la imaginación, gustos y deseos de Sabino Arana; una recreación meramente literaria: una ucronía asumida gustosamente por sus seguidores.

Uno de los investigadores que ha profundizado en la realidad histórica y conformación del mito de Padura ha sido el escritor Jon Juaristi, quien lo deconstruye así:

«La leyenda medieval de Arrigorriaga surgió en el siglo XIV, sobre el modelo de la batalla de Saxa Rubra (año 312), junto a Roma, en la que Constantino derrotó a su rival Magencio. La batalla en cuestión es más conocida en la Historia por Puente Milvio, y está vinculada a dos episodios igualmente improbables: la visión que dijo haber tenido Constantino, la víspera del combate, de una cruz perfilándose en el cielo de la tarde, mientras oía (o leía) las palabras *in hoc signo vinces* (con este signo vencerás), y el cambio del color del paisaje al rojo intenso, como consecuencia de la cantidad de sangre vertida en la lucha. Saxa Rubra significa lo mismo que Arrigorriaga. O al revés. Como sabíamos los escolares de hace medio siglo, Constantino mandó poner la cruz en sus banderas o lábaros. Agradecido por la victoria, hizo del cristianismo la religión oficial del Imperio, en virtud del famoso edicto de Milán, y regaló al Papa una extensión de la Italia central que tenía el tamaño aproximado de Euskadi. Cuando la revolución liberal arrebató al papado los Estados Pontificios, el padre de Sabino Arana y otros próceres carlistas se apresuraron a ofrecer a Pío IX las provincias vascas, como compensación»[72].

Estamos comprobando cómo pueden rastrearse, en Sabino Arana, los principales ingredientes de todas las variedades conocidas de nacionalismo vasco: orígenes míticos, valoración supremacista de lo propio frente a lo foráneo, etnicismo biológico y cultural, dependencia de las ideologías predominantes en su momento, constructivismo cultural, voluntarismo militante, voluntad de poder, excepcional capacitad de adaptación.

---

[72] https://www.abc.es/opinion/abci-arrigorriaga-200906210300-921904625725_noticia.html

8.- EL EXTRAÑO EPISODIO DE LA "LIGA DE VASCOS ESPAÑOLISTAS"

Entre los papeles de Sabino Arana que su viuda vendió al PNV figura una doble hoja con algo de texto inacabado y nunca publicado hasta 1979, en que lo dio a conocer Javier Corcuera. Dice así:

«He creído llegado el momento oportuno de simular una retirada en toda regla para engrosar nuestras filas, combatir a mansalva y trabajar secretamente nuestra orientación al Norte. Instantáneamente se me ha presentado esta idea como seguramente salvadora caso de llevarse a la práctica: nuestro triunfo se me ofrece seguro y próximo: la independencia de Euskadi, bajo la protección de Inglaterra, será un hecho en día no lejano (...) Este movimiento parece de defensa: es de ataque. El enemigo no podrá concebirlo, así que el plan comience a realizarse. Quedará engañado. Pocos hombres de Estado podrían comprenderlo, conociendo al Partido Nacionalista. Es fenómeno que no se ha registrado en la historia de los partidos»[73].

¿Retirada?, ¿ataque?, ¿secretamente? ¿Qué tramaba Sabino Arana? Aquel giro fue interpretado de muy diversa manera por sus seguidores; no todos lo entendieron.

José Antonio Arrandiaga, uno de sus discípulos más próximos, en una carta a su amigo Engracio de Aranzadi, fechada apenas una semana después de la muerte de Arana,

---

[73] También recogido en la web oficial de EAJ-PNV (https://www.eaj-pnv.eus/es/adjuntos-documentos/751/pdf/mocion-conjunta-galeusca-sobre-el-uso-de-lenguas-o).

le explicaba de la siguiente manera la intencionalidad real del maestro: «Y para ello se vale D. Sabino de un programa titulado, al menos por ahora, vasco-españolista (...) Ese programa tendrá la virtud de disminuir las fuerzas del enemigo y de aumentar las nacionalistas. Y ésa es la evolución al españolismo. ¿Que cómo? Pues deseando que el regionalismo prospere en nuestro País y cunda por España, estableciéndose pleitos y contiendas entre las diversas regiones o aislándose unas de otras de modo tal que no los importe la totalidad de España (...) Propaguemos ahora el regionalismo vasco-españolista para que sea engendrador de diez, veinte o más regionalismos españoles (...) Empecemos nosotros a ser regionalistas, y al ver nuestro hermoso programa ha de cundir, también entre ellos, el mismo espíritu, y de ese modo ha de conseguirse la debilitación del conjunto hispano y se nos ofrecerán coyunturas para ir intensificando más y más nuestro regionalismo hasta llegar a renegar de toda unión con las demás (no se ría Vd.) regiones españolas: y el poder que hoy se nos opone y que hace imposible nuestra independencia, se vendría por los suelos (...) No son los españoles capaces de concebir un plan como lo será el vasco-españolista; demostrémosles, pues, y, además, incitémosles a que lo pongan en práctica: es decir; hagámonos españolistas para poder dejar de serlo algún día (...) Extendida por el País Vasco la doctrina regionalista, bien presto habrían de ser comprendidas las ventajas que le proporcionaría el aislamiento, dentro de la unidad española, de las demás regiones, y, aunque no más que por egoísmo, habría de despertar, si no en todos en la mayoría de los vascos, el sentimiento de independencia (...) Consideremos a nuestro país como porción de un todo llamado España y demos a ese todo un plan político que sea provechoso a nuestro Nacionalismo»[74].

Sabino Arana, por tanto, ya diseñó en vida la política gradualista que seguirá, según las circunstancias del momento, el PNV. «Regionalizar» ayer, para debilitar España y, finalmente, trocearla con la ayuda de otros actores nacionales e internacionales.

Aquel tránsito al españolismo no fue, por tanto, un signo de debilidad psicológica o política, o de tardía y contradictoria «conversión» política. Fue un ejercicio de realismo y maquiavelismo políticos.

---

[74] Corcuera, J: *Orígenes, ideología y organización del nacionalismo vasco (1876-1904),* Siglo XXI, Madrid, 1979.

9.- ORIGEN, EVOLUCIÓN Y SIGNIFICADO DE LA IKURRIÑA

La palabra ikurriña es un neologismo inventado, como tantos otros, por los creativos hermanos Arana: es el fruto de la unión de *ikurra*, símbolo, y *ehuna*, que significa tela.

La ikurriña que todos conocemos, y que los nacionalistas vascos vienen imponiendo también en Navarra y los territorios franceses por ellos denominados como *Iparralde* como símbolo identitario, tiene su antecedente histórico más evidente en 1894.

Sabino y Luis Arana, con motivo de su viaje a Navarra en apoyo a las movilizaciones populares conocidas como «Gamazada», diseñaron en el Café Iruña de Pamplona, el 18 de febrero de aquel año, una primera bandera: una cruz de San Andrés en rojo, sobre fondo blanco, y una inscripción en vasco que decía *Jaungoikoa eta lagizarra, bizkaitarrak agurreiten deute naparrei* (Dios y la Vieja Ley. Bizkaia abraza Navarra). Al parecer fue bordaba por Juana Irujo, esposa del ilustre abogado natural de Estella, empresario y precursor del panvasquismo, Estanislao Aranzadi.

Pocos meses después, en los primeros días de ese verano de 1894, encontrándose en el caserío familiar, Luis Arana ensayaba dibujos pensando en la fachada de la sociedad *Euskeldun Batzokija*, primer centro nacionalista, cuya inauguración tendría lugar el 14 de julio siguiente en Bilbao. Sin embargo, esa bandera no estaba siendo concebida para el nacionalismo vasco, tal y como lo conocemos en la actualidad, sino para el *bizkaitarrismo*; no en vano, el primer nacionalismo sabiniano estaba pensado para su Vizcaya natal.

Este segundo diseño de Luis Arana lo explicaría Sabino, de la siguiente manera: «El fondo de nuestra Bandera es rojo, como el fondo del Escudo (de Vizcaya). La Cruz blanca de la Bandera es la Cruz blanca del Escudo y el Jaun-Goikua [Dios] del Lema. La Cruz verde de San Andrés representa a un tiempo por su color el Roble del Escudo y las leyes patrias. Unidos están la Cruz y el Roble en el Escudo unidos por el eta, el Jaun-Goikua y el Lagi-Zara: del Lema; y unidas por lo tanto en un centro común deben estar en la Bandera las dos Cruces, blanca y verde. Y así como en la unión de la Cruz y el Roble en el Escudo, aquélla ocupa el lugar preferente, y en la unión del Jaun-Goikua y el Lagi-Zara: en el Lema lo ocupa el primero: así también en la Bandera la Cruz blanca está superpuesta a la verde de San Andrés»[75]. ¡Este sí es un símbolo cargado de significados reales, no el logo actual del PNV!

El PNV la elevó en 1916 como bandera del partido y, por extensión, de todo el movimiento social y cultural que generaría progresivamente.

Sin embargo, Luis Arana nunca admitió la apropiación de su segundo diseño por el PNV, pues entendía que «Era la bandera de Vizcaya, que se la conoce con el nombre de la bicrucífera, porque lleva la cruz blanca de nuestra fe cristiana y la cruz verde de San Andrés»[76]. Y persistió en su posición hasta el final de sus días. Así, cuando en 1931, el

---

[75] *La bandera fenicia*, en *Bizkaitarra*, nº 31, 28/07/1895 (https://www.sabinoaranagoiri.eus/PDF/PDF67.pdf).

[76] Ortigosa, J.L.: *La cuestión vasca II*. Visión Libros, Madrid, 2016.

PNV propuso su ikurriña como la bandera oficial de todos los vascos, Luis Arana volvió a protestar, recordando que en su concepción, estaba pensada exclusivamente para Vizcaya.

El efímero Gobierno Vasco constituido en plena guerra civil logró que esa bandera de partido fuera la enseña de todos los vascos, siendo enarbolada por los batallones de gudaris hasta su rendición en Santoña ante los italianos. El franquismo la prohibió expresamente.

A partir de ahí empezó a mitificarse su uso. Y todo nacionalista que se precie recordará «cómo en el ático de su caserío había una ikurriña que...». De haber sido así, los museos estarían repletos de ellas.

ETA la hará propia sin rechistar. Y por ella asesinaron: instalando ikurriñas, en montes y descampados, conectadas a paquetes-bomba que, al ser descolgadas por Policía o Guardia Civil, causaron muchas muertes.

Desaparecido Franco, se orquestó una gigantesca campaña, que recurrió a todos los medios posibles, también el asesinato como hemos mencionado, para su legalización y posterior imposición. Recordemos uno, entre tantos otros episodios dramáticos, de esta campaña: Jesús María Zuloaga, editor del periódico guipuzcoano *La Voz de España*, recibió amenazas por parte de los terroristas que le obligaron a abandonar el País Vasco en 1976 después de promover un concurso para una nueva bandera para todos los vascos. Otros opositores a la idea, caso de Augusto Unceta, Presidente de la Diputación de Vizcaya, serían asesinados tras negarse a que en los edificios oficiales ondease la ikurriña. También por entonces, los alcaldes no nacionalistas pasaron a ser señalados como objetivo de ETA, resultando asesinados Antonio Echevarría Albisu y Víctor Legorburu Ibarreche.

En enero de 1977, el empleo de la ikurriña fue despenalizado. Con la aprobación del Estatuto de Guernica en 1979, alcanzaría el rango de bandera oficial de la Comunidad Autónoma Vasca.

De esta manera, la que fue concebida como bandera para una Vizcaya nacionalista y confederal, sería apropiada por el PNV como bandera de partido; eso sí, en aras de un proyecto de «construcción nacional». Prueba de ello es que, décadas después, la ikurriña fue impuesta como «la de todos los vascos». Pero, nos preguntamos, si este símbolo fue instrumentalizado al servicio de un particular proyecto político de partido, ¿cómo puede representar a *todos* los vascos? Y, no digamos, también a los navarros y vascofranceses. Fue un escándalo, y una traición a sus ideales más profundos, que el PSOE admitiera y diera por buena y «para todos» una bandera de partido, de partido burgués, de partido secesionista; una bandera empuñada en contra de la solidaridad entre todos los trabajadores españoles.

La derecha españolista vasca, por su parte, terminó acatándola. Tímidamente, poco a poco, también la hicieron propia, enarbolándola en actos públicos, sedes y manifestaciones. Flaca memoria la suya; más cuando no pocos de sus militantes fueron asesinados cruelmente con la excusa de la supuesta legitimidad de la ikurriña.

Por lo que respecta a Navarra, sigue siendo motivo de confrontación, pues nadie ignora que la ikurriña expresa su posible incorporación a un proyecto constructivista cuya pretensión real es la destrucción de la nación española.

En nombre de la ikurriña se ha asesinado y coaccionado; se ha obligado a exiliarse a miles de familias. Y todavía hoy siguen produciéndose agresiones contra ciudadanos que no se identifican con los ideales de la ikurriña. Una bandera que quieren vendernos como «la bandera de la libertad». Pero, si para imponer la ikurriña, en los espacios públicos e instituciones de Vascongadas y Navarra, han asesinado e implantando fórmulas inaceptables de violencia de raíces políticas, ¿dónde queda la libertad? ¿No subyace, en su fondo, razones de cínico ejercicio de poder político y tintes totalitarios?

Conviene recordar, al respecto, algunos hechos dramáticos y muy tristes de la reciente historia de Navarra.

Tomás Caballero fue una gran personalidad navarra por méritos propios; presidente de Oberena y sindicalista implicado en las luchas obreras de finales del franquismo. Entre 1971 y 1978 fue concejal de Pamplona; y alcalde accidental entre octubre de 1976 y abril de 1977, izándose entonces la ikurriña en el balcón de su Ayuntamiento. Sin duda, Caballero quiso ser generoso y prevenir tensiones extremas, de ahí que el acuerdo de colocación de la ikurriña señalara: «Primero Manifestar la satisfacción de esta Corporación por la decisión del Ministro de la Gobernación de autorizar el uso de la ikurriña. Como símbolo de esta satisfacción, y sin entrar en la opción política que el pueblo de Navarra pueda tomar libremente en el futuro, se acuerda que la misma se exponga **hoy** junto a las banderas oficiales». Fue muy aplaudido por ello desde todas las facciones nacionalistas.

Pero Tomás Caballero, en un legítimo ejercicio de libertad y responsabilidad, retomaría años después la actividad de servicio a su ciudad, Pamplona, en la política; y lo haría por

UPN, volviendo a ganarse el acta de concejal. ETA lo asesinó en 1998.

La izquierda *abertzale* y los secesionistas moderados de *Geroa Bai* y su minúsculo PNV en Navarra, persisten, y no cejarán jamás, en su empeño de imponer, por la fuerza si es necesario, la ikurriña. No obstante, constatada la resistencia de los navarros ante esta pretensión, llevan años modulando sus movimientos, dando cancha en sus manifestaciones y espacios a la bandera roja de Navarra; eso sí, rediseñado el escudo de la misma a su gusto. Incluso pretenden presentarse más navarros que los navarristas, más foralistas que los afines a UPN. De tal modo, sucesivas campañas electorales y otras magnas manifestaciones, han mostrado cierta navarrización externa de *Sortu*, *EH Bildu*, *Geroa Bai*, etc., que únicamente convence a los propios.

10.- ESVÁSTICAS EN EUSKAL HERRIA

Si algo fascina a muchos visitantes extranjeros de Vascongadas y Navarra es la abundante presencia de *lauburus* colgados al cuello o en anillos, instalados en el exterior e interior de casas, cincelados en estelas funerarias y otros monumentos públicos, inscritos en objetos artesanales, paños de cocina, conservas... Fascina y choca, pues muchos, seguramente por la educación cinematográfica recibida, los asocian inevitablemente a las esvásticas nazis. Entonces, el *lauburu*, ¿es una esvástica curvilínea? ¿Es un préstamo celta o es un símbolo propio? ¿Es cristiano o pagano? Preguntas, sin duda, del todo interesantes; si bien no existe unanimidad en las repuestas, dependiendo tales de la escuela correspondiente del autor; de ciertos prejuicios doctrinales e ideológicos.

Sucede con esta cuestión además, que el PNV usó en su momento, y no poco, la esvástica rectilínea; del todo análoga —estéticamente- a la de los nazis alemanes. ¿Fue una pura coincidencia, un acto de mimetismo, una extensión analógica alimentada por ambiguas simpatías? Ciertamente, este aspecto, directamente relacionado con peculiares movimientos del PNV a lo largo de su historia, permanece polémico y abierto, pues los autores *jeltzales* y afines o bien han intentado borrar estas circunstancias y sus posibles conexiones, o desvirtuarlas... en beneficio de la línea política siempre inmaculada que habría caracterizado a este partido.

En otro apartado del libro [77] nos aproximaremos a las relaciones políticas que se sabe con certeza mantuvieron *jeltzales* y nazis; igual que se sabe que los *jeltzales* guipuzcoanos conspiraron con los carlistas en 1936, ante el conflicto que se presuponía inevitable, si bien finalmente, en sus dudas y mayor peso del PNV vizcaíno, terminarían alineados con el Frente Popular y con algunos de sus mayores enemigos ideológicos: los ateos anarquistas, los revolucionarios socialistas, los revolucionarios comunistas y los jacobinos republicanos de izquierda. La historia del PNV, ciertamente, es cualquier cosa menos rectilínea. No obstante, se le debe reconocer un gran mérito: su capacidad de adaptación negociando con actores contrapuestos.

La esvástica o cruz gamada (por parecerse a la letra griega gamma) está presente en buena parte del mundo: especialmente en la India, en Mongolia, en China (como símbolo de enorme significado en hinduismo y budismo), en algunas de las civilizaciones precolombinas, entre los europeos del norte continental, celtas, etruscos, griegos y romanos, etc. También suele afirmarse que no existe entre los pueblos semitas... Y puede representarse con sus brazos girando hacia derecha o izquierda. Su significado es poliédrico: buena suerte en el hinduismo; conocimiento divino en algunas ramas del budismo; mayormente decorativo y ornamental en las culturas mediterráneas; simplificación del sol y, por tanto, representación de la vida, la perfección e incluso de la divinidad. Hay para todos los gustos.

En la Alemania del romanticismo de finales del siglo XIX, la esvástica es recuperada como símbolo puramente

---

[77] Número10: *Esvásticas en Euskal Herria.*

germánico, racial, ario. Sería muy empleado por las corrientes ariosóficas, una mezcla de ciertos esoterismos con el darwinismo de deriva biologicista; derivación alemana de la Teosofía de Helena Blavatsky cuyo principal símbolo era, precisamente, la esvástica. Y también por movimientos político-culturales pangermánicos de base racial; particularmente el movimiento *völkisch*. Los nazis lo adoptarían allá por 1920, siendo tributarios de tales antecedentes; atribuyéndosele, de manera problemática, a la esotérica *Sociedad Thule* tal conexión. En definitiva, la esvástica que hemos visto miles de veces en medios de comunicación y cine, es un símbolo de profundas resonancias ideológicas y políticas alimentadas por el romanticismo y la recuperación identitaria de finales del siglo XIX y primeras décadas del XX. Efectivamente: aquí encontramos, junto a otros muchos, al nacionalismo panvasquista y al pangermánico.

De hecho, es el propio Sabino Arana quien asimila por completo la esvástica germánica con el *lauburu*. Veámoslo: «Comenzaré haciendo notar la analogía que hay entre euzko y eguzki (sol), puesto que este eguzki se contrae muy castizamente euzki en casi todas las comarcas del país euzkeldun. Y pregunto: ¿eguzko-a, sincopado en euzko-a, no pudo ser el nombre que, significando el del sol, se diera a sí mismo el vasko, por provenir del oriente, como todas las razas de Europa, que tuvieran natural empeño en consignarlo, o por la veneración que tributara al sol como la obra más benéfica del Creador? Pero aún hay más que esto de la semejanza morfológica de ambas voces, y es que muy probablemente los vaskos dieron culto al sol, como voy a demostrarlo. Los ghonds de la India y sus dominadores los arios tienen en gran veneración un signo que en sánscrito llaman svasti (...)» [78].

A pesar del entusiasmo e interés de Sabino Arana por este símbolo, no fue hasta una década después de su muerte que esvástica y *lauburu* fueran utilizados por el partido.

Así, en diciembre de 1914, desde el diario *Euskadi* se promovió una campaña consistente en que los jóvenes nacionalistas portaran un alfiler con la esvástica (no el *lauburu* curvilíneo) en su chaqueta, como signo de reconocimiento e identidad. Con los años ganaría mayor incidencia social; adaptándolo, por ejemplo, la fundición de Elorrio *Berrio-Otxoa Burdiñola*. De dicha fundición proceden las numerosas tapas de alcantarillado de 1964, es decir, en pleno franquismo, que lucían sendos *lauburus*.

La esvástica también sería muy utilizada en postales por entidades culturales vasquistas no necesariamente nacionalistas, caso de la navarra *Euskeraren Adiskideak*.

En la década de los años 30 del pasado siglo, cuando el nacionalsocialismo era bien conocido y ya tan admirado como odiado, los nacionalistas vascos continuaron sirviéndose de la esvástica. ¿Mera coincidencia o cierta comunión ideológica?

En 1934, el escritor natural de la localidad francesa fronteriza de Sara, Pedro Garmendia Goyetche, de padre navarro de Oroz-Betelu y madre labortana, publicó un libro titulado *La Swástica*. En él aseguraba que el *lauburu* derivaba directamente de la esvástica. No obstante, si bien este autor pretendía que los vascos lo representaban desde la

---

[78] *Euzkadi* número 1, marzo de 1901. https://www.sabinoaranagoiri.eus/PDF/PDF166.pdf

noche de los tiempos, aunque se encuentre algún antecedente en el siglo XI, no será hasta el XVI cuando empezará a utilizarse con cierta profusión.

Mientras tanto, en esa tercera década del siglo XX, la esvástica se encuentra en esquelas de nacionalistas vascos combinada con la cruz latina e incluso con el árbol de Guernica, en cuberterías, platos conmemorativos, barcas náuticas, productos de fundición, jarabes, limpiadores...

En su expresión política, la esvástica panvasquista figurará como símbolo de diversos grupos culturales; también de su movimiento estudiantil. En el Aberri Eguna de 1932, recuerda el historiador y ensayista Javier Barraycoa [79] -quien ha rescatado buena parte de los datos de este apartado-, figura en carteles publicitarios, en los estandartes del movimiento de mujeres *abertzale*s, en los de los *mendigoxales* (montañeros), etc.

La federación de ikastolas también se sirvió de la esvástica, ya en 1934. Incluso los más laicos y progresistas de Acción Nacionalista Vasca también utilizaron tan discutible símbolo racialista; hasta el punto de que era el símbolo central de su propia bandera.

Los historiadores oficialistas aseguran que al subir Hitler al poder, el PNV dejó de utilizar la esvástica a causa de su paganismo anticristiano; afirmación desmentida, por ejemplo, cuando se inaugura el *batzoki* de Tolosa en abril de 1936, decorado con una esvástica gigante por debajo de la cual figuraban las siglas JEL.

---

[79] *Anotaciones de Javier Barraycoa,* (https://barraycoa.com/).

Durante la guerra civil, algunos gudaris lucían en sus boinas enormes esvásticas, tal y como puede rastrearse por Internet en numerosas entradas.

Ya en 1960, como homenaje a José Antonio Aguirre en la hora de su muerte, algunos nacionalistas pintaron gruesas esvásticas negras en San Sebastián. Y todavía muchos de ellos portaban chaquetas *baskas* azules, con esvásticas en rojo, que hoy día son ya *lauburus*, además de los escudos de las siete provincias vascas, figuras esquemáticas de San Miguel, etc.

Lo relevante de esta cuestión es que los nacionalistas vascos se sintieron muy cómodos con un símbolo de indisimulado carácter racialista y filogermánico durante décadas. Y no fue hasta la misma debacle nazi en que empezaron a marcar inequívocas distancias; resaltando el supuesto carácter cristiano del *lauburu* frente al pagano de la esvástica... A pesar de todo, algunos nacionalistas vascos, como hemos visto, todavía en los años 60 del pasado siglo no se habían enterado o no se querían enterar.

11.- LA HISPANIDAD Y LOS VASCOS

El término *Hispanidad*, con el que se conoce a la comunidad de pueblos y naciones que comparten el idioma español o castellano, y una cosmovisión de raíces católicas, procede literalmente de *Hispania*, tal y como los romanos denominaban a la península ibérica.

Con un significado relativo al estilo de expresión lingüística, el término se conoce al menos desde el XVI. Siglos después, sería recuperado con otros contenidos. Y fue mérito, casi exclusivo, de muy ilustres vascos. El primero de ellos, Miguel de Unamuno, ya lo rescató en un artículo de 1909.

Después, en 1931, Ramiro de Maeztu propuso que el día 12 de octubre pasara a ser titulado «Día de la Hispanidad» en lugar de «Día de la Raza». Maeztu atribuyó el término al sacerdote Zacarías de Vizcarra, quien respondió que él se limitaba a difundirlo, correspondiendo la autoría, acaso, al bachiller Alexo Venegas, en 1531.

Por su parte, Vizcarra definió el concepto Hispanidad así: «Significa, en primer lugar, el conjunto de todos los pueblos de cultura y origen hispánico, diseminados por Europa, América, África y Oceanía; expresa, en segundo lugar, el conjunto de cualidades que distinguen del resto de las naciones del mundo a los pueblos de estirpe y cultura hispánica (...) "Hispanoamérica" y otros son términos parciales que no comprenden Filipinas, ni las posesiones españolas de África, ni a la misma España. En cambio, las palabras "Hispanidad" e "hispánico" representan a todos los miembros de la gran familia diseminada por América,

Europa, África y Oceanía. De ahí la necesidad de popularizarlas»[80].

El término también sería desarrollado por Ramiro de Maeztu, ya lo hemos visto, y García Morente.

Zacarías de Vizcarra y Arana nació en 1879 en la localidad vizcaína de Abadiano De familia carlista, formó parte de la primera promoción del Seminario de Comillas. Ya sacerdote, elaboró un catecismo en vascuence, su lengua materna. Fue autor del libro *Vasconia españolísima*[81]. Falleció el 18 de septiembre de 1963.

En su concepción de lo vasco, Zacarías de Vizcarra lo entendía como plenamente español; hasta el punto de que lo vasco, como manantial de lo español, era lo más español que cupiera, especialmente por su aportación a los reinos cristianos del norte. A estos territorios vascos les llamó Vasconia.

A su juicio, «la primera Castilla fue la línea de castillos organizada por Alfonso I en torno del territorio vasco-cántabro que no había sido ocupado por los árabes. Porque Castilla viene de Castella, plural de "castellum", que significa castillo. Por consiguiente, Castilla significa Los Castillos (...) Desde que Alfonso I fundó en Vasconia la primera Castilla y comenzó la formación lenta de la segunda Castilla en el territorio vasco de la Vardulia, pasó más de un

---

[80] *La palabra Hispanidad,* en *La lectura dominical,* n° 1875, pág. 809, Madrid, 7/12/1929.

[81] Reeditado en 2012 por el sello Durandarte.

siglo en que no existió más Castilla que la que pudiéramos llamar la Castilla Vasca de Vardulia y Borovia»[82].

Zacarías de Vizcarra también atribuyó a los vascos el origen de Aragón; no en vano su origen jurídico lo habría proporcionado el pamplonés Sancho el Mayor.

Igualmente, destacó la contribución vasca en la Reconquista y la empresa de la Conquista y Civilización de América. A su juicio, el vascuence, que también denomina euskera, sería la única lengua española autóctona, pues todas las demás proceden del latín. Cabe recordar que en las *Glosas Emilianenses*, escritas en el Monasterio de San Millán de la Cogolla, también figuran glosas en vasco, «primera manifestación de esta lengua, que tardará después siglos en ser lengua escrita»[83]. Don Zacarías, por otra parte, siempre fue un partidario del bilingüismo. El español lo entendía como idioma inter-hispánico; el vascuence, «lengua del corazón y de la tradición», «quintaesencia de España», «alcaloide de lo español».

Ramiro de Maeztu nació en Vitoria el 4 de mayo de 1874. Formó parte de la «Generación del 98». Influenciado en su primera juventud por Nietzsche, conoció en su estancia en Londres el socialismo fabiano[84] y el distributismo[85] derivado de la Doctrina Social de la Iglesia, para recalar, más tarde,

---

[82] *Vasconia españolísima*, Publicaciones Españolas, Madrid, 1971, págs. 109 a 111.

[83] Ob. Cit. pág. 121.

[84] De Sociedad Fabiana, germen del Partido Laborista británico; partidaria de reformas graduales.

[85] Particularmente desarrollado por los pensadores G. K. Chesterton e Hilaire Belloc.

en posiciones conservadoras, monárquicas y corporativistas. Elegido parlamentario por Guipúzcoa en 1933, fue asesinado sin juicio previo en la noche del 28 al 29 de octubre de 1936 en Aravaca, junto a otros 31 presos derechistas de Ventas; una de tantas matanzas producidas en el Madrid progresista e idílico de la Guerra Civil.

Su libro de 1934, *Defensa de la Hispanidad,* pasaría por ser una de sus obras más conocidas. Nos limitaremos a recoger una cita de este autor, que por su expresividad, si sustituimos «azteca» por «vasco», recobra un formidable poder evocador: «Un día vendrá, y acaso sea pronto, en que un indio azteca, después de haber recorrido medio mundo, se ponga a contemplar la catedral de Méjico y por primera vez se encuentre sobrecogido ante un espectáculo que le fue toda la vida familiar y que, por serlo, no le decía nada. Sentirá súbitamente que las piedras de la Hispanidad son más gloriosas que las del Imperio romano y tienen un significado más profundo, porque mientras Roma no fue más que la conquista y la calzada y el derecho, la Hispanidad, desde el principio, implicó una promesa de hermandad y de elevación para todos los hombres»[86].

Pero no se piense que la Hispanidad fue abducida por un exclusivista pensamiento nacional-católico. De hecho, ha sido asumido y actualizado por autores, de ambas orillas del Atlántico, posicionados en ideologías diversas. Así, importantes autores del exilio republicano español, como Fernando de los Ríos, Joaquín Xirau, Eduardo Nicol, Américo Castro y Salvador de Madariaga, reflexionaron en torno al concepto y sus implicaciones. Hoy mismo sigue

------

[86] *Defensa de la Hispanidad,* Madrid, Gráfica Universal, 1941, página 289.

siendo rescatado por teóricos, de escuelas filosóficas muy diversas, como es el caso de los seguidores de la «Cuarta Teoría Política» del ruso Alexander Dugin, entre los que destaca el catalán Josep Alsina i Calvés[87]; pero, también, por marxistas como Santiago Armesilla[88], o el expolítico alavesista Ernesto Ladrón de Guevara.

Pero no busquen monumentos a Maeztu y Vizcarra en sus Vascongadas natales o en Navarra. Y no es de extrañar. De haber vivido hoy, habrían sido asesinados, seguramente, por los etarras: por vascos y españoles, es decir, doblemente traidores, a su brutal juicio.

---

[87] *El hispanismo como Cuarta Teoría Política.* Ediciones Fides, Tarragona, 2019.

[88] https://www.armesilla.org/search/label/Hispanidad

92

12.- EL PNV DE NAVARRA Y ÁLAVA EN LA GUERRA CIVIL ESPAÑOLA

El PNV, si por algo se caracteriza a lo largo de su historia, es por su cintura política; una cualidad que para alguno es un sano ejercicio de realismo y, para otros, cierta carencia de escrúpulos.

Acaso la mayor exhibición de semejante ductilidad aconteciera en los primeros días de la Guerra Civil española de 1936-1939.

El PNV, entonces, continuaba siendo inequívocamente un partido católico y antirrevolucionario. Entre los dos frentes políticos inconciliables entre españoles que se venían configurando, y que cristalizaron definitivamente en julio del 36, el PNV no tenía fácil elección. De hecho, el Frente Popular era rabiosamente anticatólico, revolucionario, y estaba dispuesto a arrasar con la España existente; su democratismo era más que discutible, no en vano, socialistas, comunistas y anarquistas pretendían, en una u otra fórmula, «superar la democracia burguesa» y dar un salto decidido hacia el socialismo o directamente al comunismo soviético o libertario. En aquella coyuntura, tan decisiva como fatal, el PNV difícilmente podía presentarse como un aliado fiel y deseable; pero todo aliado era bienvenido.

Con el Frente Nacional Contrarrevolucionario, del que nació el esfuerzo de la guerra en favor de los sublevados, si bien le unía su catolicismo y amor por el orden, le separaba su respectiva interpretación de lo que significaba España.

Definitivamente, no era sencillo afrontar con unidad y coherencia la fractura brutal que se dibujaba en la España republicana; especialmente desde que el Frente Popular ganara las elecciones, apoyándose en numerosos fraudes, mientras algunos de sus actores más significativos, como el mismísimo Francisco Largo Caballero,   anunciaban la inminencia de una revolución social o, de manera expresa, soviética.

La creencia en que tendría lugar una sublevación militar era un secreto a voces. De hecho, el alcalde de Estella, Fortunato Aguirre, del PNV, tuvo conocimiento de una reunión, el día 15 de julio entre los generales Mola y Batet en el cercano monasterio de Irache. Envió allí a sus policías municipales a la espera de que el gobernador civil ordenara su detención, lo que no acaeció al decidir el presidente del Gobierno, Santiago Casares Quiroga, levantar el control.

Para el día 18 de julio, el partido había organizado una reunión de su máximo órgano colectivo, el *Euzkadi Buru Batzar* (EBB), en Pamplona. Pero, habiéndose iniciado la sublevación el mismo día 18 de julio, decidieron reunirse en San Sebastián únicamente los miembros del BBB y del GBB, es decir, los *burukides* vizcaínos y guipuzcoanos. Ese mismo día 18, Irujo y Lasarte, ambos diputados del PNV, emitieron desde Radio San Sebastián un mensaje de adhesión al gobierno republicano.

Ya en Pamplona, y un día más tarde, el 19 de julio tiene lugar la sublevación militar, contando con el apoyo de numerosas milicias requetés y falangistas. Fueron clausurados los locales de los partidos políticos republicanos, entre ellos los del PNV, así como la rotativa de su diario impreso. Poco después, algunos dirigentes del

PNV fueron detenidos. Fortunato Aguirre sería fusilado el 29 de septiembre en Tajonar.

A pesar de tamaña incertidumbre, y del inicio de un conflicto civil que todo arrastraría, el PNV de Navarra reunió su máximo órgano directivo, el *Napar Buru Batzar*, el día 20 de julio. Fruto de ello fue una nota publicada en la prensa navarra el día 23 que decía: «El Partido Nacionalista Vasco de Navarra hace pública declaración de que, dada su ideología fervientemente católica y fuerista, no se ha unido ni se une al Gobierno en la lucha actual, declinando en sus autores toda responsabilidad que se derive de la declaración de adhesión al Gobierno aparecida en la prensa, sobre la que podemos asegurar que no ha sido tomada por la Autoridad Suprema del Partido»[89].

Tal declaración, ¿se trataba de un fino ejercicio de neutralidad, tal y como aseguran algunos, no en vano los nacionalistas vascos se enfrentaban a un «conflicto entre españoles» que les resultaba ajeno, o, por el contrario, de una adhesión implícita a la sublevación? Lo cierto es que no pocos nacionalistas se integrarían en el bando sublevado, especialmente en las milicias tradicionalistas, con las que compartían catolicismo y fuerismo, aunque éste se les quedara pequeño en sus pretensiones independentistas. De hecho, muchos participarían en el frente de Madrid, en Somosierra, asegurándose así no enfrentarse a sus antiguos correligionarios, quienes combatían desde Guipúzcoa y Vizcaya contra los sublevados. El que fuera su dirigente Ramón de Goñi, se adhirió con entusiasmo. Manuel de Aranzadi, otro histórico y relevante dirigente, se unió al

---

[89] Citado en diversas fuentes, por ejemplo: https://es.wikipedia.org/wiki/ Partido_Nacionalista_Vasco_en_Navarra y https://navarra.elespanol.com/ blog/javier-aliaga/arturo-campion/20171105122541151775.html

bando nacional. También relevante militante del PNV fue Miguel Javier Urmeneta Ajarnaute, quien se unió al requeté, ingresando en el ejército, donde desarrolló carrera militar, presentándose voluntario para la División Azul, en la que combatió contra el comunismo en el frente ruso. En su vida civil fue director de la Caja de Ahorros Municipal de Pamplona, procurador en Cortes, diputado foral, alcalde de Pamplona... Ya en 1984, Urmeneta sería cofundador de la emisora *Euskalerria Irratia* de Pamplona.

Por lo que se refiere al PNV alavés, emitió el siguiente comunicado: «El Consejo regional del PNV de Álava, con el interés vivamente expuesto de evitar luchas fratricidas y derramamientos de sangre entre hermanos alaveses y para impedir que la anarquía se adueñe de su pueblo, ordena a todos los afiliados que realicen todas sus obligaciones sociales y estén en todo momento a las disposiciones de las autoridades militares y delegados que se han constituido»[90].

Continuando en Álava, y a título particular, Javier de Landaburu, quien fuera diputado del PNV en el Congreso en la legislatura anterior -si bien en septiembre de 1937 se escaparía a Francia-, y Manuel Ibarrondo, presidente del *Araba Buru Batzar*, hicieron público un vibrante manifiesto que así decía: «Los suscritos, afiliados al PNV manifiestan: las circunstancias que venía atravesando la gobernación de España y que llevaban irremediablemente a la ruina moral y material de los ciudadanos han hecho que unos hombres de buena voluntad, a impulso exclusivo de su sano patriotismo, iniciaron y estén desarrollando activamente en estos dramáticos momentos una Cruzada de regeneración

---

90 https://ezkeriraultzailea.net/index.php/gaur-egungo-albisteak/euskal-herria/1178-euskal-herria-sozialista

espiritual y fortalecimiento material. En el panorama que se nos ofrece no caben ya disyuntivas ante la anarquía reinante todavía en muchos pueblos españoles, ante la amenaza seria de un comunismo bárbaro que nada ha de respetar... ya no le cabe duda, y menos al que sea nacionalista vasco, el que desea para este país un mínimo de libertad y de bienestar que el comunismo nunca conseguiría... exhortamos a nuestros amigos nacionalistas a no impedir y coadyuvar al éxito inminente de quienes van a redimir tan precioso tesoro y a gritar con ellos ¡viva España!, ¡viva el País Vasco!»[91].

Ambas citas, tan polémicas como sorprendentes, no se encuentran entre los abundantes fondos digitales disponibles en la Fundación Sabino Arana o en la web del EAJ-PNV. Sí pueden encontrarse en diversas webs radicales de izquierda, caso de *Ezker Iraultzailea*, de subtítulo *Euskal Herria Sozialista*, o en la versión en idioma español de la web radical *lahaine.org*. Huelgan comentarios.

---

91 Entrada de un lector en https://ianasagasti.blogs.com/mi_blog/2012/08/el-patriotismo-en-araba.html

13.- EL ASESINATO DE CIENTOS DE PRESOS DERECHISTAS EN BILBAO EL 4 DE ENERO DE 1937

En el contexto de los bombardeos aéreos perpetrados por los sublevados contra Bilbao, fueron asaltadas, el día 4 de enero de 1937, las prisiones bilbaínas en las que eran custodiados cientos de militares, derechistas, tradicionalistas, y demás presuntos desafectos al régimen republicano. Aquel día fueron asesinados 223 de aquellos encarcelados. Y todo ello bajo la presidencia del lendakari nacionalista José Antonio Aguirre. Se trata de un episodio que los nacionalistas vascos siempre han intentado ocultar, desviar en sus responsabilidades hacia sus socios de gobierno de entonces, o, incluso, justificar.

En octubre de 1936 se crea el primer Gobierno Vasco; tras aprobarse el día 1 de octubre de 1936, por parte de lo que quedaba de las Cortes republicanas, ya establecidas en Valencia, el Estatuto de Autonomía al territorio vasco aún en manos gubernamentales. Fue elegido como su presidente (lendakari), por unanimidad de los concejales vascos que pudieron hacerlo, José Antonio Aguirre y Lecube, el 7 de octubre, en la Casa de Juntas de Guernica.

Una de sus primeras medidas será el traslado de los presos que todavía sobrevivían en los barcos-prisión a edificios de Bilbao custodiados por funcionarios de prisiones, en el interior, y por agentes del orden público en el exterior.

La medida era inevitable; no en vano, en el barco-prisión *Altuna Mendi* se habían perpetrado varias matanzas: un asesinato selectivo el 31 de agosto de 1936; veintinueve asesinatos como represalia por el bombardeo aéreo el 25 de septiembre; un asesinato selectivo el 21 de octubre. En el barco-prisión *Cabo Quilates*, por su parte, se cometieron las siguientes: cuatro asesinatos selectivos el 31 de agosto, un asesinato selectivo el 8 de septiembre, un asesinato selectivo el 9 de septiembre, un asesinato selectivo el 20 de septiembre, treinta y cinco asesinatos como represalia por el bombardeo aéreo el 25 de septiembre, un asesinato selectivo el 29 de septiembre, tres asesinatos selectivos el 1 de octubre y cuarenta y siete asesinatos perpetrados por marineros del acorazado republicano *Jaime I* el 2 de octubre.

A tal fin, entre octubre y diciembre de 1936 se habilitaron cuatro instalaciones: la prisión provincial de Larrinaga, el albergue para indigentes de la Casa Galera (en las proximidades de la anterior), el convento de monjas de los Ángeles Custodios, y el convento carmelita masculino de El Carmelo.

El domingo 3 de enero de 1937, tres patrullas de trimotores Junkers JU-52 alemanes, con escolta de aviones caza, bombardearon zonas fabriles de ambas márgenes de la ría de Bilbao. Ocasionaron la muerte de una persona y ocho heridos civiles.

El lunes día 4 volvió a repetirse el bombardeo. En torno a las 15 horas, un total de veintidós aviones afectos al bando sublevado atacaron los mismos objetivos, provocando la muerte de cinco civiles y varios heridos. En esta ocasión, aviones republicanos lograron abatir un trimotor Junkers. Cuatro de sus tripulantes murieron; los otros dos lograron saltar en paracaídas. Uno de ellos cayó en las cercanías de Bilbao, siendo hecho prisionero y conducido para su custodia al Hotel Carlton, sede del Gobierno Vasco. El otro componente cayó en una zona cercana a los barrios altos. Apresado allí, fue linchado, y su cuerpo arrastrado por las calles de Bilbao acompañado por unas cuatro mil personas, muchas de ellas armadas. En torno a las 16 horas, las masas llegaron, con los restos del aviador alemán a modo de trofeo, hasta la Sociedad Bilbaína, edificio que alojaba la consejería de Gobernación del Gobierno Vasco. Su consejero, el *jeltzale* Telesforo Monzón, se dirigió a los manifestantes desde un balcón invitándoles a disolverse.

No obstante, miles de manifestantes, entre los que figuraban cientos de milicianos de UGT, CNT y Partido Comunista, se dirigieron a los cuatro edificios antes mencionados exigiendo venganza. Lo primero en ser asaltado fue la prisión de Larrinaga, en torno a las 17 horas. Fueron fusilados 55 presos, entre ellos muchos enfermos arrojados de sus camas. En algunos casos, el ensañamiento fue tal que no fue posible, posteriormente, identificar los cuerpos.

Simultáneamente, una docena de milicianos se presentó en el convento del Carmen, sumándoseles poco después varias decenas más. Pero los presos, en torno a un millar, muchos de ellos jóvenes y militares, presentaron batalla, resistiendo el asalto; lo que no impidió que 7 de ellos fueran finalmente asesinados.

En previsión de un posible asalto a la cárcel ubicada en Ángeles Custodios, se envió una sección del batallón Asturias Nº 7 de UGT. En torno a las 17'30, desobedeciendo las órdenes de su capitán, un teniente, un sargento, tres cabos y los treinta y dos milicianos del contingente allí enviado, se sumaron a los asaltantes del centro, fusilando a los presos, en el patio de acceso, de cinco en cinco. De un total de 190 presos, fueron asesinados 109; siendo saqueados sus cuerpos y profanados muchos de ellos.

Casa Galera, en su día destinada a la caridad de indigentes, fue asaltada hacia las 18'30 horas por milicianos de la segunda compañía del batallón Asturias. De un total de 75 presos allí detenidos, 53 fueron asesinados y otros quince gravemente heridos.

Conforme el recuento efectuado por el sacerdote José Echandía en su libro de 1945 *La persecución roja en el País Vasco*, del que apenas existen algunos ejemplares a precio prohibitivo en el mercado de segunda mano, la ideología de los asesinados era la que sigue:

- Tradicionalistas carlistas: 105.
- Sin filiación política: 54.
- Monárquicos alfonsinos (RE[92]): 29.
- Falangistas: 16.
- CEDA-Acción Popular[93]: 8.
- Sacerdotes católicos: 8.
- Ex-Unión Patriótica[94]: 3.
- Albiñanistas (PNE[95]): 1.

---

[92] Renovación Española.

[93] Acción popular, partido que daría lugar a la Confederación Española de Derechas Autónomas, CEDA, de José María Gil-Robles y Quiñones; principal fuerza política de la derecha española durante la Segunda República.

[94] Se trataba del partido único de la Dictadura de Miguel Primo de Rivera. Constituido en 1924, se disolvió en 1930.

[95] Partido Nacionalista Español, fundado por el doctor José María Albiñana en 1930; sería fusilado el 22 de agosto de 1936 en el asalto perpetrado contra la Prisión Modelo de Madrid en la que permanecía recluido desde el inicio de la guerra.

Los hechos fueron sistemáticamente ocultados por la prensa republicana y nacionalista. Pero hubo miembros del PNV que exigieron la dimisión de Telesforo Monzón, dado que, al existir muchas vinculaciones familiares de *jeltzales* con tradicionalistas y derechistas, muchos linajes vizcaínos y guipuzcoanos se vieron alcanzadas por estas masacres. El lendakari, amigo personal de Monzón desde hacía muchos años, no lo permitió. Como primera medida, se envió a la recién creada *Ertzaña* para custodiar las prisiones.

Días después, mediante una nota aparecida el día 15 de enero en varios rotativos, el Gobierno Vasco, mayoritariamente *jeltzale* y presidido por José Antonio Aguirre, culpaba a los «fascistas» de los hechos, asegurando que frenaría situaciones análogas y mostrándose «decidido a cortar de raíz todo intento de perturbación, que si en otras circunstancias no es admisible, en éstas, de necesaria unidad ante el enemigo común, constituye un verdadero delito. Es de extrañar la singular coincidencia de que hace cinco o seis días vengan las radios facciosas primero anunciando y más tarde señalando perturbaciones de orden público en el territorio sujeto a la jurisdicción del Gobierno Vasco. El Gobierno, en posesión de datos muy singulares, lógicamente considerará faccioso a todo aquel que intente perturbar el orden público, para lo cual, además de las medidas adoptadas por el Departamento de Gobernación, se han transmitido determinadas instrucciones y referencias al Departamento de Defensa, que obrará en consecuencia y sin miramientos de clase alguna, si a su jurisdicción pudiera competer, con quienes participen en hechos de esa índole»[96].

---

[96] Entre otros, en el diario *El Liberal* de Bilbao, 17/03/37.

Conscientes de la importancia de la imagen pública en una guerra que tambіén lo era de propaganda -mucho más en un cambiante contexto de crisis diplomáticas, de políticas internacionales frustradas de no intervención, y de apoyo de diversos actores hacia uno y otro bando-, el Gobierno Vasco invitó a finales de enero a la representante de la Sociedad de Naciones, Madame Malaterre, a visitar Bilbao. Se pretendía con ello un canje de presos, al haber roto los nacionales todas las negociaciones a partir de la masacre de las cárceles.

El día 27 siguiente, el *jeltzale* Manuel Irujo, ministro sin cartera en el Gobierno de Valencia, remitió un telegrama a Aguirre en los siguientes términos: «Me dijiste que en últimos sucesos cayeron diez pero Diario Navarra trae relación nominal caídos citando cárceles. Procurad vigilar espionaje y no me engañéis otra vez»[97].

Por otra parte, la Consejería de Justicia del Gobierno Vasco inició una investigación para depurar responsabilidades, con el juez Julio Jáuregui nombrado expresamente para ello. A resultas de ello, dictó autos de procesamiento contra 13 implicados en el asalto de Larrinaga y otros 48 en el de Ángeles Custodios. Y ninguno en los de El Carmelo y Casa Galera. No obstante, todos ellos disfrutaban de libertad en el momento de la entrada de los nacionales el 19 de junio en Bilbao, sufriendo desigual suerte en los avatares de la guerra y el colapso del frente norte.

Décadas después, el propio José Antonio Aguirre reconocería que se cometieron errores, pero siempre desplazó la responsabilidad de los hechos hacia sus socios socialistas y comunistas, así como a los anarquistas, quienes

---

[97] Cita literal. Fundación Sabino Arana, Archivo del Nacionalismo, Fondo Irujo. Telegrama del 27 de enero de 1937.

no formaban parte del Gobierno Vasco. De tal modo, con ocasión del Congreso Mundial Vasco de 1956, afirmó, entre otras cosas, lo que sigue: «Llegó un 4 de enero, en el cual más de 200 prisioneros políticos nuestros de las cárceles fueron asesinados por nuestro "populacho". Yo no dije ahora palabras nuevas. Por toda América, en conferencias dadas en veintidós universidades, di frente a este problema diciendo "Somos culpables nosotros". "Yo el primero, en nombre del Gobierno, porque nos fallaron los resortes del mando en aquel momento". (...) Aquí está a mi lado, el entonces consejero de Justicia, que, nada más saber cuántas eran las víctimas, colgó de las paredes del propio Ministerio de la Consejería de Justicia todos los nombres de las víctimas de los asesinatos cometidos por gente que había perdido el tino. Vuelvo a repetir, sin que sepa todavía, y un día quizás lo sepamos, quienes fueron los incitadores de semejante catástrofe»[98].

En cualquier caso, la responsabilidad material, jurídica y política de aquellos crímenes cargaba sobre los dirigentes del Gobierno Vasco, quienes, mayormente interesados en el canje de prisioneros muy concretos, permitieron la eliminación de rivales políticos sin ningún respeto a los derechos humanos.

Por todo ello, el historiador Carlos Olazábal Estecha ha dedicado un libro de investigación al tema titulándolo, significativamente, *4 de enero de 1937 ¿El Gernika del PNV?*[99]

---

[98] https://plazamoyua.com/2013/01/05/bilbao-4-de-enero-la-cripta-de-no-se-sabe-que/

[99] Fundación Popular de Estudios Vascos, Bilbao, 2021, 416 páginas.

Unos hechos brutales, en el marco de una guerra despiadada, a los que los medios de comunicación públicos dependientes del Gobierno Vasco y sus afines subvencionados (*Deia*, Grupo Noticias, etc.), jamás han dedicado espacio alguno.

14.- EL PNV SE RINDE A LOS FASCISTAS ITALIANOS EN SANTOÑA

No, el PNV nunca se muestra como un aliado por completo fiable; pues mantiene, antes que nada, su propia agenda. De hecho, apenas medio año después de los hechos reseñados en el apartado anterior, el PNV dejó de lado a sus aliados del Frente Popular pactando una rendición por separado con los fascistas italianos en Santoña.

En la primavera del 37, el máximo dirigente peneuvista de Vizcaya, Juan de Ajuriaguerra, con la mediación del cardenal Eugenio Pacelli, buscó una paz por separado en Italia; maniobra de la que supo el gobierno del Frente Popular al interceptar un explícito telegrama, si bien acordó no revelarlo por razones obvias.

A la par, el PNV comisionó a un sacerdote afín, D. Alberto Onaindía, para que sondeara ante los dirigentes italianos una rendición por separado, sin contar con sus conmilitones izquierdistas y españolistas; al margen, por supuesto, del liderazgo supremo del Ejército Nacional. Propusieron, incluso, un falso ataque que no levantara sospechas de sus verdaderas intenciones: huir en masa hacia Francia.

Con estos antecedentes, el día 19 de agosto de 1937, los batallones de gudaris del PNV abandonaron sus posiciones de Reinosa, Saja y Torrelavega, en dirección al punto de encuentro acordado, situado entre Santoña y Laredo. De manera simultánea, informaron al enemigo de los mejores puntos de ataque; además, entraron en el penal del Dueso donde arriaron la tricolor, izaron la ikurriña y liberaron a los presos derechistas que aún retenían.

El día 24, dirigentes peneuvistas firmaron con mandos italianos el conocido como «Pacto de Santoña». El 26 empezó el traslado de los nacionalistas por mar, desde Santoña a Francia, en dos barcos británicos; pero Franco no aceptó el pacto, finalizando la operación a las 10 de la mañana.

Fueron hechos prisioneros 11.000 combatientes del *Euzko Gudaroztea*. Varios cientos de oficiales y dirigentes republicanos fueron condenados a muerte; 57 de ellos serían fusilados selectivamente, en octubre, en Santoña[100]. El frente del norte perdió toda posibilidad de supervivencia, no digamos ya de enlazar territorialmente con la zona leal a la República. Y los líderes del PNV perdieron todo su prestigio ante sus aliados. Por su parte, varios miles de los prisioneros nacionalistas de Santoña se incorporaron al ejército sublevado; ya fuera por convicción (sin duda los gudaris estaban más próximos a los requetés que a los anarquistas incendiarios o a los socialistas *matacuras*), elemental oportunismo o comprensible instinto de supervivencia.

---

[100] https://ianasagasti.blogs.com/mi_blog/2017/12/los-fusilamientos-de-santo%C3%B1a.html

15.- EL ENTORNO DE ETA DESVELA PRESUNTOS CONTACTOS DEL PNV CON LOS NAZIS

Fue en 1977 cuando desde el entorno editorial de ETA, concretamente el sello Txertoa, en un intento de marcar distancias con el PNV y de deconstruir su ideología «burguesa», en uno de sus numerosos libros desveló algunos de los contactos que el PNV habría mantenido en la Francia ocupada con el ejército alemán. Nos referimos a *El nacionalismo vasco en el exilio*, de Emilio López Adan; un libro que sigue distribuyendo Txalaparta.

De modo que la imputación que ocasionalmente se esgrime desde sectores antinacionalistas contra el PNV[101], de presuntas simpatías filonazis y de la existencia de notables paralelismos ideológicos entre ambos nacionalismos, llega un poco tarde. No, no es cosa de «malos vascos», o de «resentidos españolistas» el recordar tan comprometidos aspectos de la historia del PNV.

La identidad cultural y racial de los vascos interesó a algunos intelectuales y propagandistas afines al régimen

---

[101] Es el caso, entre otros, de Rosa Díez, quien, con motivo de la edición de su libro *Maquetos. Una historia escrita para que nadie olvide* (La Esfera de los Libros, Madrid, 2022), afirmó en numerosos foros, entre otras cosas, que «El PNV tuvo una enorme admiración por Hitler». Es sorprendente que quien fuera consejera en el Gobierno Vasco de 1991 a 1998, desconociera con anterioridad tal faceta de quienes fueron sus socios de gobierno durante bastantes años (https://www.vozpopuli.com/espana/politica/rosa-diez-pnv-hitler.html).

nacionalsocialista alemán incluso ya antes de la Segunda Guerra Mundial.

Uno de los frutos de tamaña admiración fue el film *Im lande der Basken* (En la tierra de los vascos) de 1944, que fue rescatado por el documental de 2013, dirigido por Alfonso Andrés y Javier Barajas, *Una esvástica sobre el Bidasoa*; en el que también se habla del colaboracionismo pro-nazi de algunos destacados miembros del PNV y de otros nacionalistas vasco-franceses. Desde el PNV intentaron justificar tales comportamientos como meras «iniciativas personales» o desde la excusa de que «un pueblo debe hacer lo que sea para sobrevivir».

Lo cierto es que el PNV no sufrió, por parte de la administración de ocupación alemana, ni por la Francia de Vichy, la persecución que padecieron otras organizaciones republicanas españolas. Tampoco el propio Gobierno Vasco. Es posible que en ello influyera que los gudaris exiliados no se incorporaron al maquis, tal y como hicieron en masa comunistas y anarquistas españoles, quienes pagaron un altísimo precio en sus enfrentamientos con las tropas alemanas; siendo miles de ellos masacrados brutalmente en Mauthausen. Es más, aunque el PNV suspendió sus actividades, el Gobierno Vasco mantuvo una oficina abierta en París durante toda la ocupación alemana.

Obviamente, a los nazis les interesaban todas las cuestiones relacionadas con la raza. El hecho de que en el norte de la península ibérica y el sur de Francia sobreviviera un pueblo con unas características raciales aparentemente «más puras» que las de sus vecinos, les entusiasmó. Además, el extendido uso de la esvástica por el PNV, pero también en la publicidad comercial del País Vasco y en su vida cotidiana, les interpeló hasta el punto de llegar a pedir explicaciones de su uso al PNV; por considerarlo símbolo estrictamente germánico y de su exclusiva proyección política.

Todo parece indicar que el PNV desplegó un doble juego: persiguió que sus gentes y organizaciones fueran «toleradas» por las autoridades de ocupación, a la vez que algunos militantes se pusieron al servicio de los aliados. Es más, el hecho de que Luis Álava -responsable de una red nacionalista de evasión que operaba en la frontera franco-española- fuera detenido por los franquistas, tras ser descubierta por los alemanes, y posteriormente fusilado, suele ser esgrimido como prueba de la radical oposición al nazismo por parte del PNV, mayormente por su carácter anticatólico. Lo cierto es que la información documental de dicha red fue requisada por los alemanes en París al ocupar la ciudad, haciéndola llegar a las autoridades franquistas; circunstancia que generó durísimos reproches y acusaciones cruzadas entre los propios nacionalistas. Un caso -junto al dramático periplo recientemente divulgado del *jeltzale* navarro Alejandro Elizalde[102], superviviente de Mauthausen- reiteradamente esgrimido por el PNV como prueba de su presunta aliadofilia.

Mucho más recientemente, cierta documentación desvelada oportunamente ha revelado que a lo largo de la guerra mundial, al menos en tres momentos distintos, tuvieron lugar contactos entre las dos partes. Nos referimos a un largo artículo de Joan Esculies publicado en *La*

---

102 https://www.deia.eus/actualidad/historias-de-los-vascos/2021/12/11/alejandro-elizalde-jeltzale-navarro-resistente/1174151.html

Vanguardia[103] y del que se hicieron eco numerosos medios impresos y digitales.

Conforme dicho artículo, un informe de 8 de julio de 1945, de dos páginas y media, elaborado por MA217 -alias *Cano*, agente del servicio de contraespionaje francés en Madrid-, aseguraba que el PNV mantuvo varios contactos con los nazis. Dicho documento fue fotografiado por Xavier Juncosa en el archivo del *Service Historique de la Défense* de Vincennes, en el lapso temporal en que el gobierno francés desclasificó ciertos documentos. El citado informe forma parte de las 1.400 páginas de su trabajo *El contraespionaje francés en Barcelona (1943-1945)* y *El contraespionaje francés en Madrid y Marruecos (1943-1945)*[104].

Según dicha documentación, los contactos tuvieron lugar en tres fases: finales de 1940 y julio de 1941; entre diciembre de 1942 y marzo de 1943; en verano de 1944.

En la primera, Berlín ordenó que se favoreciera a las tendencias separatistas en Francia. No prosperó, en parte, por la actitud contraria del entonces allí responsable, el teniente coronel conde Finck von Finckenstein.

En la segunda, «los separatistas vascos pensaron aprovechar, de una parte y de otra, la situación», ofreciéndose «a cambio del apoyo para la creación de una región autónoma que comprendiera las provincias vascas españolas, los Bajos Pirineos y algunos territorios adyacentes, una zona que en el futuro se convertiría en la República vasca». A tal fin contactaron primero con el comandante en jefe de las tropas

---

[103] https://www.lavanguardia.com/cultura/20220109/7974908/contactos-nazis-pnv-informe.html

[104] Editorial Némesis Histórica, Barcelona, 2021.

alemanas del sector, el general Leo Geyr von Schweppenburg, quien no mostró interés. Por ello, se dirigieron, en segundo lugar, a Werner Best, de quien volveremos a hablar. Al parecer, los nazis reclamaron una relación de enemigos políticos a los que arrestar de iniciarse una guerra en la zona. Los nacionalistas no lo hicieron, desactivándose los contactos.

El tercer intento tuvo su causa en el desembarco aliado en Normandía, al considerar el mando alemán la posibilidad de resistir en las montañas existentes entre la costa y la frontera española. Los nacionalistas se dirigieron a un tal capitán Pyrrh (seguramente mal transcrito), oficial encargado de asuntos políticos, a fin de «organizar la vida civil de la futura zona autónoma con el pretexto de influir en la población civil en favor de los alemanes». Los dirigentes nacionalistas consideraban que la derrota de Alemania acarrearía la caída de Franco, creándose una situación transitoria, de cuyo orden público se encargarían los militares alemanes, encaminada a la creación de un estado vasco. La rápida retirada alemana interrumpió las conversaciones y, al parecer, el propio capitán Pyrrh pasó a España clandestinamente gracias a *mugalaris* nacionalistas.

Pero, antes de que se desvelaran estas informaciones, ya se disponía de otras no poco relevantes; lo que dada la voluntad de ocultamiento, desde el Gobierno Vasco en el exilio y el propio PNV, de sus actividades menos honorables, indica que hubo bastante más de lo que se ha podido llegar a saber.

Diversos agentes y autoridades al servicio de Alemania establecieron contactos con nacionalistas vascos; ya lo hemos visto. En coherencia con su natural tacticismo, sus líderes afirman que si se mantuvieron tales contactos fue para conseguir información relevante que hacer llegar a los aliados...

Desde la perspectiva racialista del «Nuevo Orden Europeo», los nazis, concretamente desde las SS, llegaron a contemplar una Europa dirigida por Alemania en la que diversas minorías raciales, en cierto grado «arias», disfrutaran de su territorio y su autonomía: vascos, catalanes, escoceses, bretones, valones... Un mapa elaborado en ese sentido ha sido reiteradamente mostrado y reproducido como la alternativa que habrían diseñado algunos cerebros grises nazis frente a otra hipotética Europa por completo alemana.

Los nacionalistas vascos que se identificaron con esa «Europa de las etnias» compartían con los nazis el anticomunismo. Además entendían que esa nueva Europa podía ser la manera de liberarse del yugo español y unificar sus territorios.

Uno de los autores de esa «Europa de las etnias» fue Werner Best, quien entendía que las diversas etnias europeas debían conformar el futuro del continente, frente la artificiosidad de los estados nacionales: la fuerza de la pureza de la raza frente al declive de los estados liberal-burgueses. Alto oficial de las SS, llegó a formar parte de la Oficina Central de Seguridad del Reich (RSHA). Tras participar en la ocupación de Polonia, entre 1940 y 1942 fue jefe administrativo policial bajo las órdenes de Otto von Stülpnagel en la Francia ocupada. Es entonces cuando Best encargó a Herbert Brieger que filmara un documental etnográfico sobre los vascos; el mencionado *Im lande der Basken*.

En el inicio de los doce minutos de documental, una voz en off se pregunta: «¿De dónde viene esta gente? Nadie lo sabe. Puede que provengan de los constructores de la Torre de

Babel, de los fenicios, de los habitantes del mar Atlántico, de los fineses o los mongoles... Sin embargo, la teoría más extendida es que son descendientes de los íberos».

En el marco de estas actuaciones, Joachim von Ribbentrop, ministro de Asuntos Exteriores de la Alemania nazi, encargó a Best y a Karl Bouda, otro experto racialista, que estudiaran la posibilidad de un posible Estado vasco separado de España y Francia. El Gobierno Vasco en el exilio, quien ya había puesto a disposición de los aliados una red de espías y agentes –mayormente entre las comunidades vascas afincadas en América- al servicio de sus respectivas agencias de inteligencia en su lucha contra los alemanes, autorizó a algunos dirigentes nacionalistas del PNV para mantener contactos con los alemanes. En consecuencia, la dirección del PNV trasladó a Berlín un documento en el que señalaba que «a Alemania le interesa la pacificación de España y no puede escapar a su recto sentido que no hay pacificación posible sin una solución favorable a los vascos»[105].

Pero ya existía otro precedente al menos. Así, el *Euzkadi Buru Batzar* publicó un comunicado en 1941, reproducido literalmente, entre otras, en la web de los comunistas *abertzales*, que señalaba:

«Por las relaciones que unen a Alemania y España creen los vascos que en general el triunfo de Alemania sería la consolidación del Régimen actual y por lo tanto de la desastrosa situación en que se encuentra en estos momentos el País Vasco.

---

[105] https://www.elcorreo.com/bizkaia/sociedad/201507/13/nazis-querian-otorgar-independencia-20150623182952.html

Nosotros no compartimos esa opinión, porque creemos en el talento político del Führer, en su sagacidad, en su alto espíritu de comprensión esperamos que en el nuevo orden a establecer en Europa y particularmente en España, el problema vasco será tenido en cuenta:

1. Porque a Alemania le interesa la pacificación de España y no puede escapar a su recto sentido que no hay pacificación posible sin una solución favorable a los vascos.

2. Porque el problema vasco está íntimamente ligado al problema racial alemán y por lo tanto, es lógico y natural esperar que el Führer lo acoja y lo resuelva con la mayor simpatía.

3. Porque nos damos perfecta cuenta de que las simpatías de Alemania en España están en decadencia, y por lo tanto es de extrema importancia para el Führer recoger y captar nuevas simpatías si no quiere perder toda su influencia en España»[106].

El propio lendakari José Antonio Aguirre pudo realizar un sorprendente viaje por la Europa ocupada, llegando a desplazarse libremente por Berlín, donde asistió a desfiles, otros actos públicos y tratando, incluso, de entablar, al parecer sin éxito, contacto con el máximo responsable del espionaje alemán, el almirante Wilhelm Canaris y con el ministro de Asuntos Exteriores Joachim von Ribbentrop.

---

[106] http://www.ehk.eus/index.php/es/comunistas-vascos/comunistas-relacionados-con-e-h/4490-jose-antonio-aguirre-y-la-alianza-con-los-nazis-alemanes

En la Biblioteca del Congreso de Estados Unidos se conserva el diario de José Antonio Aguirre. En él figuran anotaciones como las que siguen:

«Hoy le toca el turno a la Alemania de Hitler. En el campo social se ha realizado una gran obra. Parece una copia de lo que hicieron y algún día harán mis compatriotas. Todavía es corta la obra al lado de lo que mis compatriotas tenían y tienen preparado: casa, salario familiar, etc. Cómo se equivocan los que juzgan la obra de Hitler» (entrada de 21 de febrero de 1941).

«He visto pasar al ministro de Exteriores japonés Matsuoka, precedido y seguido de gran acompañamiento. Iba con él el general Oshima».

«He llegado hasta la cancillería, donde un numeroso público esperaba la salida de Hitler y del ministro japonés después de su entrevista. Ha durado dos horas y media. He esperado, firme en pie, con intenso frío, el momento. Salen al fin Hitler, Van Ribbentrop y Oshima. Yo estaba a 50 metros. Tenía en mi mano unas banderolas nazis y japonesas que nos han repartido gentilmente unos miembros de las SS. He disfrutado mucho» (entrada correspondiente al 27 de marzo de 1941)[107].

Mientras tanto, los líderes republicanos españoles, incluidos los catalanes, eran perseguidos por la Gestapo y extraditados a España, donde no pocos serían fusilados.

A pesar de todo, aquellos contactos -mantenidos entre otros por Francisco Javier Landaburu, Doroteo Ciaurriz, Mario

---

[107] Goiogana, Iñaki: *Edición crítica Diario de José Antonio Aguirre,* Fundación Sabino Arana, 2010, págs. 30 y 31. Versión digital: http://www.agirreinberlin.eus/wp-content/uploads/Edicion-Critica-Diario-Castellano.pdf

Salegui y Eugène Goyheneche, director de *Euzko-Deya*- no culminaron en una administración propia; siendo desautorizados por los dirigentes del PNV una vez el curso de la guerra cambió decididamente de rumbo. En consecuencia, alguno de ellos fue juzgado y condenado por colaboracionismo por las nuevas autoridades francesas. Fue el caso del propio Goyheneche[108], quien cumplió 37 meses de prisión. No obstante, en 1982 la Universidad del País Vasco lo declaró Doctor Honoris Causa.

Otro nacionalista vasco-francés filonazi fue Jon Mirande Ayphasorho, uno de los poetas vascos más importantes. Afincado en París, de orígenes suletinos, fue influenciado por el pensamiento de Nietzsche y Spengler, de ahí que elaborara un pensamiento pagano anticristiano y racista. No obstante, fue propuesto por Koldo Mitxelena como miembro de número de la Real Academia de la Lengua Vasca, pero los académicos, muchos de ellos todavía entonces sacerdotes católicos, lo rechazaron.

Cuando años después se les reprocharon tales comportamientos, se justificarían desde el PNV con que «había que jugar a ganador alguna vez» y «existía cierta esperanza de que los nazis nos apoyaran frente a Franco» [109]. Una sincera y esclarecedora confesión, la anterior, de quien fuera alcalde de San Sebastián por el PNV y consejero de cultura del Gobierno Vasco, Ramón Labayen.

---

[108] «Durante la ocupación alemana mantiene relación con los ocupantes en vistas a conseguir un trato preferencial tanto para los vascos fronterizos continentales como para los refugiados vascos peninsulares». Fuente: https://www.euskonews.eus/0536zbk/efem53602es.html

[109] https://www.libertaddigital.com/espana/politica/2013-09-22/el-pnv-negocio-con-los-nazis-la-independencia-vasca-1276499947/

16.- EL PNV Y EL AMIGO AMERICANO

En 1937, el Gobierno Vasco de José Antonio Aguirre creó, en el contexto de la Guerra Civil española, el *Servicio Vasco de Información* (SVI, en lo sucesivo). Tras la traición de Santoña y el exilio, el SVI se instaló en la ciudad francesa de Bayona. Allí colaboraron con el *Deuxième Bureau* hasta la derrota francesa frente Alemania; perdiendo los 75.000 francos mensuales que les reportaba tal conexión.

Con la caída de París, la Gestapo requisó los archivos de la delegación del Gobierno Vasco. Entre tales figuraba cierta documentación relativa al SVI del interior en España, que entregaron a la policía española; lo que acarreó la detención de 28 personas, siendo fusilado en 1942 Luis Álava, por lo que la red clandestina desarticulada, ya mencionada, fue conocida desde entonces con su apellido.

Al recalar exiliado en Nueva York tras viajar por varios países, José Antonio Aguirre propuso que el SVI se coordinara con los servicios de inteligencia norteamericanos en su lucha contra el nazismo, sirviéndose de la red de exiliados y afiliados nacionalistas bien instalados por toda Hispanoamérica. De esta manera, estos agentes informarían de los movimientos de las embajadas alemanas en el continente, de la entrada de naves germanas en los puertos, del tráfico mercantil –especialmente de minerales estratégicos- con destino a los países del Eje, así como de los movimientos de las embajadas españolas y de la denominada Falange Exterior. El joven lendakari entendía que Estados Unidos e Inglaterra, una vez derrotado el Eje, terminarían derrocando a Franco; de modo que se abriría una oportunidad a los nacionalistas vascos para el establecimiento de su república. Gracias a tales acuerdos con las agencias de inteligencia anglosajonas, consiguió costear al SVI, así como a su Gobierno en el exilio y al propio PNV.

Esta colaboración se mantuvo en diversas modalidades hasta finales de los años sesenta, circunstancia aprovechada por algunos intelectuales afines a ETA para elaborar textos en los que se hablaba del tema a fin de marcar distancias con el PNV, acusándolo de partido burgués y al que consideraban incompetente para afrontar los nuevos retos políticos en aquellos años: el final del franquismo, la descolonización, las luchas de liberación del Tercer Mundo, la aparición de la denominada Nueva Izquierda, el feminismo, etc.

Volviendo a la colaboración nacionalista-servicios de inteligencia estadounidenses, el investigador Rafael Moreno Izquierdo afirmó que, además de esas líneas de trabajo, «En los archivos de EEUU hemos encontrado decenas de cajas con informes confeccionados por los nacionalistas vascos sobre datos militares de indudable valor en el caso de que se hubiera autorizado una invasión militar de España»[110].

Hagamos una breve cronología de esta aventura que, no olvidemos, se desarrolla en paralelo a la mantenida con los nazis en el sur de Francia durante la Segunda Guerra Mundial.

En 1940 se instala una delegación del Gobierno Vasco en Nueva York, siendo su primer delegado Antón Irala e Irala, secretario general de Presidencia del lendakari José Antonio

---

[110] En declaraciones al diario *El País,* 01/05/09. Es autor del libro de investigación *Al servicio del extranjero. Historia del Servicio Vasco de Información (1936-43)* junto a Juan Carlos Jiménez de Aberásturi Corta. Antonio Machado Libros, Boadilla del Monte, 2009.

Aguirre, junto al escritor y promotor cultural Manuel de la Sota Aburto y José María Urresti, cuñado del anterior, como tesorero.

El FBI fue el encargado de enlazar con los nacionalistas vascos. Tenía su sede en el nuevo Rockefeller Center, en Manhattan, donde se hacía pasar por una empresa de exportación/importación. Ya estaba dirigido por el famosísimo John Edgar Hoover. Su jurisdicción comprendía toda Hispanoamérica.

El otro servicio de inteligencia norteamericano implicado en la colaboración con los nacionalistas vascos era la OSS, *Office of Strategic Services*, recién creado por Franklin Delano Roosevelt a instancias del coronel William J. Donovan, con competencia para España y Francia.

Ya desde 1942, el SVI, por medio del consejero Jesús María de Leizaola, colaboraba con el *Special Operations Executive* (SOE), servicio secreto del ejército británico. Sin embargo, esos contactos con los británicos colapsarán al exigir los norteamericanos exclusividad.

Entre el 5 y el 8 de octubre de 1942, agentes de Aguirre obtuvieron el sistema encriptado con el cual el Gobierno de Franco cifraba sus comunicaciones con las embajadas en América. Pocos días después, el 10 de noviembre, José Antonio Aguirre, junto a Manuel de la Sota, se entrevistan en el despacho del coronel Donovan con varios agentes del OSS, haciéndoles entrega de una propuesta de colaboración de cuatro puntos que no llegó a ser aprobada. No obstante, quedó acreditada la voluntad de lucha del Gobierno Vasco frente a la penetración nazi en América; pero también contra los comunistas.

De esta manera, en los meses siguientes, fueron conectados por el servicio yanqui numerosos agentes nacionalistas en México, Puerto Rico, Cuba, República Dominicana, Venezuela, Perú, Colombia, Argentina y Uruguay. Cada mes, el Gobierno Vasco recibiría 4.126 dólares destinados a la red, siendo en Argentina donde se distribuiría la mitad del importe total, unas 300.000 pesetas, con José María Lasarte de responsable.

Terminada la guerra, el FBI recorta a la mitad su asignación al SVI. La colaboración finaliza en 1947. Sin embargo, diversos agentes nacionalistas seguirán colaborando; es el caso de Jesús Galíndez, quien también fuera delegado del Gobierno Vasco en Nueva York y docente universitario. Terminaría convirtiéndose en una figura mítica, desapareciendo el 12 de marzo de 1956. Desde el PNV se consideró que el dictador dominicano Trujillo ordenó su secuestro, siendo trasladado a la isla, donde habría sido asesinado. John Edgar Hoover dijo de él: «Gran parte de la información facilitada por nuestra fuente no puede ser obtenida por otros medios debido a sus excelentes relaciones en la comunidad latinoamericana. Incluso repasa todos los días la prensa de habla hispana en Nueva York por si hubiera alguna información de interés para el FBI y mantiene contactos con insurgentes de Cuba, Panamá, Filipinas y Puerto Rico que pueden sernos de mucha utilidad» [111]. Un perfecto chivato. Tanto él como los archivos del SVI que custodiaba continúan desaparecidos.

Uno de los escasos nombres de mujer que asoman en estas crónicas es el de la aristócrata vasca Carmen Gurtubay y

---

[111] https://www.elmundo.es/suplementos/cronica/2005/517/1126389618.html

Alzola, una de las protagonistas del libro *Vascos en la guerra Fría. ¿Víctimas o cómplices?*, de José Félix Azurmendi[112]. En 1997, la Cámara de Representantes de los Estados Unidos publicó el Informe *Eizenstat* en el que se la menciona como «una agente de mayor rango».

Si usted, amable lector, está interesado en una buena relación de los servicios prestados por estos agentes, la monografía *Aliados de conveniencia: el Servicio Vasco de Información y la acción exterior pro-estadounidense vasca en Latinoamérica*[113], que puede consultarse por internet, le resultará del máximo interés.

En 1953, tras la firma de los Pactos de Madrid entre España y EEUU, que supuso el fin del aislamiento internacional del Régimen de Franco gracias a su condición de valladar anticomunista, los nacionalistas vascos, a nivel institucional, comprendieron que la colaboración con esos servicios de inteligencia ya no tenía sentido. Sin embargo, diversos agentes nacionalistas, continuaron colaborando con la CIA todavía en los años 60 del pasado siglo, como fue el caso de Ramón de la Sota Mac Mahon, responsable del SVI en Argentina devenido en empresario de éxito.

Otro espía nacionalista fue José Laredogoitia Menchaca, un agente doble del SVI y el FBI que trabó relaciones con la *Abwehr* (servicio de inteligencia del ejército alemán) y quien,

---

[112] Editorial Ttarttalo, San Sebastián, 2013.

[113] David Mota Zurdo, Revista Electrónica Iberoamericana de la Universidad Rey Juan Carlos, vol. 12, nº 2, 2018. https://www.urjc.es/images/ceib/revista_electronica/vol_12_2018_2/REIB_12_02_Art2.pdf

según las investigaciones de David Mota Zurdo [114], facilitaría a los norteamericanos importantes informaciones acerca del funcionamiento de los nazis en Hispanoamérica y Bilbao.

Jokin Inza, uno de los líderes nacionalistas de Caracas, quien también mantuvo contactos con agentes de la CIA, refiere en sus memorias [115] que el lendakari José Antonio Aguirre, a la altura de 1959, además de visitar Venezuela, México y La Habana, viajó además a Washington, donde se entrevistó con los agentes del Departamento de Estado Raymond A. Vallière y Frederick H. Sacksteder, «a fin de dar al buró español sus impresiones sobre la situación en España».

Mencionemos, por último, que Rafael Moreno Izquierdo aseguró que algunos nacionalistas vascos continuaron colaborando con los yanquis desde países comunistas durante la Guerra Fría.

Todo ello constituye una buena muestra de la versatilidad y doble moral de los nacionalistas vascos, siempre aficionados al juego de los espías, aún en democracia. Recordemos sus contactos con los tradicionalistas guipuzcoanos cara a su posible incorporación al alzamiento de 1936, la negociación con los fascistas italianos que culminó con la traición de Santoña; pero también, y mucho más recientemente, el escándalo de las escuchas telefónicas a Carlos Garaicoechea en 1986 por parte de los *berrocis*, núcleo de la futura *Ertzaintza*, entrenados por agentes británicos en plena confrontación entre las dos facciones del PNV que

---

114 https://www.ui1.es/blog-ui1/el-agente-bromo-piezas-de-puzle-de-la-biografia-de-un-espia

115 *Hombre libre sin patria libre,* Fundación Sabino Arana, Bilbao, 2006.

terminaría con la escisión del navarro y la conformación de *Eusko Alkartasuna,* en la actualidad, mero apéndice socialdemócrata parasitado por la izquierda *abertzale* a pesar de los patéticos lloros del exlendakari.

17.- EL NACIMIENTO DE ETA Y EL PNV

ETA no surge de la nada. No es un fruto accidental y espontáneo. ETA nace en un clima político-cultural muy preciso: el del nacionalismo vasco más radical y antiespañol, particularmente resentido tras el trauma sufrido con la Guerra Civil.

A lo largo del franquismo se mantuvieron, por parte del EAJ-PNV, dos estructuras orgánicas. Por una parte, la del interior, mínima, si bien disponía de diversas organizaciones de cobertura, montadas progresivamente al calor de la relativa libertad existente en la Iglesia y la represión «moderada» que ejerció el aparato policial franquista contra el nacionalismo vascos (si la comparamos con la perpetrada contra masones, comunistas y libertarios). La del exterior, mayormente en Francia, Venezuela, etc. Esta segunda, en parte, se confundía con el progresivamente inoperante Gobierno Vasco en el exilio, heredero de la efímera República Vasca de 1936 y 1937.

Los jóvenes nacionalistas se organizaban bajo las siglas *Euzko Gaztedi* (Juventud Vasca), dependientes por completo del PNV, tanto en Vascongadas y Navarra, como en Francia, Venezuela, Estados Unidos, Inglaterra...

En 1952 un grupo de universitarios, en su mayoría vizcaínos, organizaron *Ekin* ("hacer") de manera autónoma del PNV. Entre sus fundadores figuraban Julen Madariaga, José Mari Benito del Valle, José Manuel Aguirre y José Luis Álvarez Enparantza (*Txillarderdi*). En 1956, *Ekin* y EGI se fusionaron bajo la sigla histórica. Pero la nueva EGI no cuajó, al no aceptar el control que pretendían ejercer sobre la joven organización los veteranos del PNV, a quienes esta nueva generación nacionalista consideraba españolizados, aburguesados e inoperantes.

A finales de 1958, los escindidos de EGI adoptaron el nombre de *Euskadi Ta Askatasuna* (ETA), dándose a conocer en julio de 1959 con un manifiesto en el que se consideraban herederos del Gobierno Vasco, al que calificaban de legal y depositario de la voluntad del pueblo vasco. ETA se declaraba apolítica, aconfesional y demócrata. Exigía el «derecho de autodeterminación», los «derechos del hombre como ciudadano y como trabajadores». Rechazaba toda dictadura... Presente en Vizcaya y Guipúzcoa, tardarían un tiempo en extenderse a Álava y Navarra. Por lo que se refiere a la actual Comunidad Foral, a mediados de 1962, la dirección de ETA acordó que José María Quesada Lasarte se desplazara a Navarra para implantarla; era inexistente por entonces. De hecho, su primera estructura se denominó *Iratxe* [116], para darle un tinte más navarro.

Hemos señalado, por tanto, que el nacimiento de ETA, y su propia existencia durante no pocos años, fue un fruto directo de la cultura política del nacionalismo panvasquista del PNV y sus ambientes socio-culturales. De hecho, no pocos de sus fundadores se habían iniciado políticamente en la sección *jeltzale* estudiantil EIA (*Eusko Ikasle Alkartasuna*, Solidaridad de Estudiantes Vascos) como es el caso de Álvarez Enparantza y José María Benito del Valle. Por otra parte, tal y como reconocerían en diversos lugares, memorias y estudios, prácticamente todos ellos tenías

---

[116] De dicho activista, su trayectoria vital, así como del desarrollo de Iratxe y su definitiva identificación con ETA, hablamos en nuestro *De Navarra a Nafarroa. La otra conquista* (La Tribuna del País Vasco Libros, San Sebastián, 2019).

vínculos familiares con el PNV. Así, *Txillardegi*, en una carta dirigida a Manuel de Irujo en 1971 [117], afirmaba que «el PNV ha hecho más que nadie por la liberación del pueblo vasco». No obstante, a aquellos jóvenes con inquietudes renovadas que no habían conocido la Guerra Civil, el PNV se les quedaba pequeño; por lo que exploraron nuevas vías teóricas, prácticas y organizativas.

Para comprender un poco mejor aquel ambiente de añoranza, reproches, reflexión, activismo y enfrentamientos generacionales entre nacionalistas, nos aproximaremos a continuación a la personalidad de Federico Krutwig. Y en el apartado que le sigue, el 19, volveremos a retomar las complejas relaciones entre el PNV y ETA.

---

[117] https://www.eusko-ikaskuntza.eus/PDFFondo/irujo/1824.pdf

18.- LA POLIÉDRICA PERSONALIDAD DE FEDERICO KRUTWIG

Seguramente se ha sobrevalorado el papel real de Federico Krutwig Sagredo en la deriva terrorista de ETA y en la configuración de su aparato doctrinal y dialéctico. De todas formas, su figura no puede ignorarse en cualquier estudio que se acerque, de una u otra manera, al panvasquismo, al terrorismo etarra y a los modernos nacionalismos revolucionarios; concepto que el propio Krutwig acuñó.

Krutwig fue una persona polifacética, hiperactivista, muy individualista. Elitista y un tanto esnob, su nacionalismo era tan radical que para su mejor servicio indagó, entre otras, en las doctrinas maoístas de la «guerra popular y prolongada» con la única finalidad de aplicarlas al «proyecto liberador» de Euskadi. De esta doctrina se sirvió, durante un breve periodo de su vida, para extraer conceptos, tácticas y estrategias que facilitaran la lucha de «liberación nacional»; si bien era consciente de que muchas de sus premisas, aptas para un país subdesarrollado como lo era China entonces, difícilmente podrían aplicarse en Vascongadas y Navarra y que, por su clasismo proletario y dirigente, generarían más rechazo que otra cosa entre sus correligionarios «moderados» del PNV.

Nacido en Guecho el 15 de mayo de 1921, su padre era alemán y su madre, de origen veneciano. Esta circunstancia le acompañaría toda su vida, pues en su estudios racialistas, más que propiamente etnicistas, calificó como superiores a determinadas razas, por ejemplo la alemana y la indoeuropea. Algo contradictorio con su etnicismo primigenio: no en vano, en la etnia vasca pervive un relevante sustrato matrilineal pre-indoeuropeo.

Euskaldún autodidacta, ingresó en la Academia de la Lengua Vasca en 1943, con la voluntad de contribuir a su modernización. Por ello, era partidario de «préstamos» lingüísticos y de unificar el idioma basándose en el dialecto laburdino.

En 1952 pronunció en la Diputación Foral de Vizcaya un discurso muy radical, atacando a una Iglesia católica que, a su juicio, potenciaba unos idiomas en unos lugares, mientras que en otros, los marginaba. Denunciado por ello, pasó a Francia.

Ya en el sur del país vecino, conoció a los viejos *Jagi-Jagi*, escribiendo en 1963 uno de sus libros más mencionados: *Vasconia. Estudio dialéctico de una nacionalidad*, publicado bajo el seudónimo de *Fernando Sarrailh de Ihartza*, dando la espalda a algunos aspectos tradicionales del nacionalismo sabiniano. Así, se mostraba contrario al tradicional ruralismo sabiniano; atribuía mayor valor étnico al idioma que a la raza; consideraba que los inmigrantes, como enemigos potenciales del euskera, debían ser asimilados o expulsados; establecía paralelismos entre la independencia de Euskal Herria con las luchas por la liberación del Tercer Mundo; a su juicio, los trabajadores asalariados debieran ser los dirigentes de la revolución (un préstamo marxista, sin duda); y ya define, entonces, a ETA como un «Movimiento Revolucionario Vasco de Liberación Nacional». El libro influiría especialmente en Julen Madariaga, quien haría propias algunas de las tesis de Krutwig, triunfantes en la III Asamblea de ETA en 1964 que supuso su radicalización terrorista.

También inició contacto con los jóvenes de EGI, quienes se planteaban cómo afrontar el futuro, teorizando sobre la lucha armada, estudiando para ello el marxismo-leninismo-maoísmo, proporcionándoles algunas aportaciones doctrinales que resultarían relevantes en la deriva terrorista de ETA posteriormente; pues cientos de ellos terminarían, antes o después, en ETA. También elaboraría algunos documentos en los que se orientaría hacia cierta forma de anarco-comunismo-independentismo, afín a la denominada «autonomía obrera»[118]; mixtura que no predominaría en ETA.

En París conoce a Jon Mirande y a bretones antaño filonazis y colaboracionistas. En 1964 es expulsado por las autoridades francesas, recalando en Bruselas, donde contactará con etarras allí residentes. Realizará para la V Asamblea de ETA (1966-1967) otros dos informes; además, sería enlace de esta organización para la adquisición de armas en la Checoslovaquia entonces soviética. Se desvincularía de ETA en 1975.

Acuñó, dijimos, el usual concepto de «nacionalismo-revolucionario», como definición ideológica del separatismo etarra, diferenciándose del sello marxista-leninista de quienes denominó «españoles emboscados» y «tontos de libro». Ciertamente, este nacionalismo-revolucionario nada tiene que ver con las ideaciones, igualmente así denominadas, propias de formulaciones neofascistas, especialmente en

---

118 Una secuela de tal tendencia cristalizaría en los denominados Comandos Autónomos Anticapitalistas, muchas veces acompañados con la expresión «de ETA». Responsables de varias decenas de asesinatos durante la transición, fueron desarticulados por las Fuerzas y Cuerpos de Seguridad del Estado.

Italia y Francia, fruto de los textos de Evola, Rauti, Romualdi y Duprat.

Tras la muerte de Franco, se instaló en Zarauz. Si bien continuaba siendo un referente político para muchos miembros de ETA y de la izquierda *abertzale*, desde entonces se dedicó, mayormente, a la producción literaria, escribiendo varios libros y múltiples artículos de muy variadas disciplinas. Por ejemplo, en el suyo de 1978, *Garaldea*, creyó encontrar vínculos étnicos entre los vascos y los guanches canarios. Fundó la asociación *Jakintza Baitha*, promotora de la cultura griega clásica. Escribiría, igualmente, textos sobre el impacto de la informática entre los vascos, etc. Murió en Bilbao el 15 de noviembre de 1998.

«En cuanto a la ideología [resume la entrada correspondiente de la Enciclopedia Auñamendi], se declaró seguidor de los filósofos Kant y Schopenhauer y del paganismo de las civilizaciones clásicas, Grecia y Roma. En su última obra decía que las nuevas ideas han sido siempre producidas por los hombres, si bien luego han sido las mujeres las que mejor las han interpretado. Propugnaba también la desaparición de las atenciones sociales hacia los retrasados mentales. Por otra parte, defendía las bondades del gobierno de los mejores, la aristocracia, frente a la democracia, que, según él, podía convertirse en "chusmocracia"» [119].

Como autor prolijo, son muchas las citas memorables que podrían destacarse, para indicar el carácter real de este activista quien no tuvo inconveniente en proporcionar

---

[119] https://aunamendi.eusko-ikaskuntza.eus/en/krutwig-sagredo-federico/ar-54993/

«munición ideológica» a ETA, sin exponerse él personalmente, potenciando la voluntad asesina de sus amigos para él observarlo y enjuiciarlo, todo, desde una elitista posición por encima del bien y del mal.

Empecemos con una tan larga como reveladora cita textual: «En general, formar parte de una minoría étnica supone pertenecer a un pueblo subdesarrollado. Tal y como dicen los franceses, "minorité-minorisé-minable". En todos ellos la clase ascendente se desnacionaliza, identificándose cultural y políticamente con la metrópoli que les domina. En el País Vasco no ocurre eso. Los sectores cultos de nuestra sociedad no se han avergonzado jamás de ser vascos. Muy al contrario de lo que ocurre, por ejemplo, con los bretones, ser vasco no es signo de menor valor. Sin embargo, en el País Vasco se produce una marcada tendencia a la vulgaridad. Yo diría que existe un auténtico culto a la vulgaridad. Hay un empeño en identificar al vasco con el aldeano bobo, en identificar cultura vasca con cultura popular o rural en el sentido más peyorativo del término. Esto es evidente en la pintura, por ejemplo, de Arrúe (...). Es preciso obrar como lo hicieron los griegos, que plasmaron únicamente a sus más bellos hijos. En nuestro país el ejemplo debe ser, no el aldeano tonto, sino el aldeano que se eleva, el inteligente y el estudioso» [120].

Sigamos con otras. «Tiene más importancia positiva perder una batalla dentro de la propia estrategia, no perdiendo la iniciativa, que ganar una batalla tácticamente pero dentro de la estrategia del enemigo (...) Si tenemos presente que las guerras nunca se ganan por táctica, sino por estrategia, y que no vale la pena empezar una guerra si no se tiene posibilidades de ganarla, porque en este caso toda guerra es

---

[120] Revista Muga nº 2, p.56-57.

criminal, nunca he logrado comprender la cerrazón chusmacera de ciertos grupos guerrilleros o revolucionarios. En el caso de los pueblos de habla castellana, este defecto se ve además multiplicado por algo que es propio de la cultura española y que actúa en el mismo sentido». «Para mí, al igual que para cualquier teórico de la guerrilla o guerra revolucionaria, por cada kilo de pólvora hay que emplear de diez a cien kilos de papel impreso»[121].

De Claudio Sánchez Albornoz, en otra cita también recogida por *Gara*, afirmaba: «Pero de todas formas me hizo comprender que aquel enjuto y endeble presidentillo era ante todo un "españolazo" y que seguramente, como ya suponía, ellos no iban a ser mejores que otros españolazos que se decían enemigos de la dictadura franquista. Y que también ellos preferían "una España fascista que una España rota"». De modo que lo de «españolazo», como insulto, viene de lejos...

De su libro póstumo *Años de peregrinaje y lucha*[122] proceden las citas que siguen. «(...) lo primero que haría un argelino seria levantar una empalizada, especialmente para guardar en el interior a las mujeres. Luego, si fuera muy de mañana, se pondría a tomar el té con menta, y quizá, si hubiera un grupo de ellos con una taza de té, sacarían -claro está- un juego de dominó, que no puede faltar, y se pondrían a colocar ficha tras ficha. Al mediodía, como hace mucho calor, se hubieran quedado a la sombra, y a la tarde... ¿Para qué empezar si ya no hay tiempo para hacer nada? La

---

121 https://www.naiz.eus/es/hemeroteca/gara/editions/gara_2014-12-01-06-00/hemeroteca_articles/federico-krutwig-ya-no-esta-pero-sigue-provocando-a-la-reflexion

122 Txalaparta, Tafalla, 2014.

diferencia estaba ahí. En Tha Tchai había chinos y no argelinos». A su vez, «El milagro chino (...) no podrá ser el milagro andaluz, porque estos están más cerca de los argelinos que de los chinos».

Conforme cita también procedente del mismo volumen, así define a los habitantes del italiano Valle de Aosta: «Entre ellos hay un 35% de la población con un bajísimo coeficiente intelectual, y que al mirarles se cree tener delante de un auténtico neardental, al menos tal y como los representan en las reconstrucciones (...). (...) el aspecto de infrahumano o humanoide de esta gente no ha variado (...). (...) como son unos cretinos, unos auténticos humanoides, cohabitan con el ganado, y esto todo ello porque no se corresponden cien por ciento con el género del homo sapiens». También afirma que «Los sudamericanos me parecieron en su inmensa mayoría unos pueblos compuestos de hombres infantiles, poco maduros según nuestro punto de vista».

Otra larga cita, igualmente esclarecedora: «En el caso de los pueblos de habla castellana, este defecto se ve además multiplicado por algo que es propio de la cultura española y que actúa en el mismo sentido. (...) la cultura castellana, al ser una cultura verista, es una cultura del "joankizuna"; es decir, del futuro que se escapa del nosotros, puesto que toda cosa que se ha objetivado -y los veristas sólo actúan sobre realidades objetivas- tiende desde el momento de su objetivación hacia su autoeliminación. Mientras que toda acción inteligente actúa sobre el "ethorkizuna"; es decir, sobre lo probable o posible, aún sin objetivar. La cultura española impide ver a las personas que han sido educadas en ella todo lo que se refiera al "ethorkizuna", y esto es debido a una razón anatómica. Hoy sabemos por los estudios realizados sobre el cerebro y las neuronas que todo ser trae al momento de nacer una serie de posibilidades "in potentia" de las que solamente algunas llegan a realizarse; es decir, llegan a ser "in actu". En realidad, el hombre trae en las células de su cerebro una cantidad predeterminada de neuronas. Estas tienen en principio, y según el tipo, diferentes ramificaciones ascendentes de las que la práctica selecciona algunas, y las demás degeneran y desaparecen. Esto hace que, incluso en gemelos monocigóticos, la experiencia pueda fijar diferentes ramas trepadoras que conducen hacia las partes superiores de las neuronas, y, en consecuencia, el fenotipo que se desarrolle en ambos gemelos resulta a veces bien diferente. Por esta razón tiene tanta importancia saber qué tipo de educación se va a dar a los niños. Platón ya lo había notado, y hablando de la necesidad de que los niños no sean considerados personas libres antes de que se hayan realizado como personas para llegar a saber en el futuro pensar abstractamente, mirando el "ethorkizuna". Esta fue justamente la excelsa labor que ha realizado la cultura griega. En la Europa moderna, podríamos decir que han sido los pueblos germánicos los que han seguido con el legado de la Grecia clásica. Y de esto tenían consciencia tanto los autores alemanes como los ingleses. También Italia, debido a la cultura renacentista, y a pesar de la labor destructora llevada a cabo por España tras el triunfo del jesuitismo, ha conservado bastante esa fuerza capaz de abrir una ventana hacia el "ethorkizuna", mientras que las personas educadas a la española son incapaces ni de darse cuenta de esta realidad en el más mínimo grado, igual que un ciego de nacimiento es incapaz de saber qué son los colores». Unas reflexiones propias del racismo, eugenismo y darwinismo sociales de épocas pretéritas... No es de extrañar que se sintiera tan bien acogido por sus amigos filonazis bretones.

Siempre interesado en cuestiones militares, insurreccionales y terroristas, reflexiona de la siguiente manera sobre el denominado Arte de la Guerra: «(...) por esta razón vemos que los españoles, tanto en el Viejo Mundo como en el Nuevo, y en este ya de una forma ridícula, como es el militar bananero, son incapaces de pensar una estrategia. Hasta los generales no saben pensar más allá del "cuartelazo"; es decir, del golpe bobo y bruto. Otra cosa bien diferente pasó con el Alto Estado Mayor prusiano, cuyos jefes no solo estudiaban "Gymnasia", la cultura clásica, sino que hasta leían a Kant».

Pero, egotista en extremo, elitista estirado y sabelotodo, también dirigió contra su pueblo invectivas realmente inaceptables. Krutwig escribe, en la página 304 de su libro: «Pero estar hoy en día defendiendo postulados y deducciones marxistas (...) tan sólo es posible que lo efectúen retrasados mentales. No es de extrañar que esto suceda en Euskalherria, donde el síndrome de Down es tan frecuente». Otra muestra, esta vez en las páginas 307-308:«(...) el nivel cultural que nos ofrecen los diferentes pueblos del Estado Español es tan bajo que difícilmente lo podemos considerar europeo, y entre ellos el pueblo euskaldun no ocupa tampoco una posición dignamente culta (...)». Y refiriéndose, de nuevo, al País Vasco, añade en la página 308: «Aquí la realidad es que, con un elemento humano tan poco preparado, con un pueblo compuesto en realidad por una gran cantidad de analfabetos, la democracia degenera en "okhlokratia"; es decir, en un gobierno de la chusma». Más, conforme refiere en su página 314:«(...) a los vascos habría que darles la máxima condecoración en rechazar todo lo que significa progreso».Y en la página 315 asegura que «Pocos países habrá en el mundo con un porcentaje tan alto de imbéciles». Para concluir, Krutwig califica a la sociedad vasca como aquejada de absoluta decadencia; de modo que en las páginas 312 y 313 diagnostica al pueblo vasco un mal anatómico españolista:«Así pues, es consecuencia lógica el que existan en Euskalherria tantos drogadictos, porque, siendo personas sin contenido cultural en el cerebro,no tienen un cuadro de referencias con el que interpretar la naturaleza. No poseen nada que sea superior, sino tan solo la parte más ínfima del cerebro animal, aquello que el hombre tiene en común con los animales, hasta los inferiores. Son justamente las células del neocórtex las que "realizan" por medio de una selección cultural que ellos ya ni lograrán efectuar».

A pesar de tamaños dislates, Krutwig, sorprendentemente, para muchos nacionalistas continúa siendo un verdadero santón de su intocable e incuestionable religión identitaria.

19.- LOS JÓVENES DEL PNV Y LA TENTACIÓN TERRORISTA

Algunos investigadores del nacionalismo vasco en toda su extensión, y de orientación ideológica muy diversa, consideran que ciertas experiencias históricas del entorno social del PNV constituyen los auténticos antecedentes de ETA. Nos referimos a las tesis de gentes tan plurales como el exdirigente de ETA Emilio López Adan *(Beltza)*, Gurutz Jáuregui, Francisco Letamendia (*Ortzi*), Jon Juaristi, Antonio Elorza, José Luis Unzueta (*Patxo*), José Luis de la Granja y Santiago de Pablo. Otros autores, como Gaizka Fernández Soldevilla [123], cuestionan la consistencia de tales antecedentes, asegurando que se limitarían mayormente a la denominada «saga Gallastegui» y a otros encuentros, más bien ocasionales, de carácter teórico; eso sí, en un ambiente común de mixtura sabiniana y supremacismo orientado hacia la violencia.

El primer antecedente, al que se remiten estos autores, fue la amplia facción *Aberri* (Patria), liderada, entre otros, por Eli Gallastegui, alias *Gudari*, a quien encontraremos más tarde en los demás grupos que mencionamos en este apartado. *Aberri* se desarrolló en la década de los años 20 del siglo pasado, en el marco de la fractura del nacionalismo vasco entre la más moderada y posibilista Comunión Nacionalista Vasca (CNV), nacida en 1921, y los sabinianos

---

[123] *De Aberri a ETA, pasando por Venezuela. Rupturas y continuidades en el nacionalismo vasco radical (1921-1977). Bulletin d'Histoire contemporaine de l'Espagne*, nª 5. Aix-en-Provence, 2017.

intransigentes que se mantuvieron en *Aberri*, la liga de mujeres patriotas (*Emakume Abertzale Batza*) constituida según el modelo irlandés, los montañeros a modo de milicia política propia de aquellos convulsos años (*mendigoxales*), y el refundado PNV de 1921.

El 11 de septiembre de 1923, Gallastegui, en nombre de *Aberri*, junto a representantes de varias organizaciones independentistas de Cataluña y Galicia, fundaron en Barcelona una «Triple Alianza contra el Estado español». Gallastegui también propuso... ¡sumar a los rebeldes rifeños de Abd el-Krim! No prosperó.

La CNV y el PNV confluyeron a finales de 1930 retomando el nombre histórico de la formación. Unos pocos, entre los que no lo admitieron, dieron lugar a Acción Nacionalista Vasca; una formación laica independentista y republicana, cuyos últimos seguidores proporcionarían cobijo y su propia sigla, en abril de 2007, a una *Herri Batasuna* ilegalizada. Es más, bajo la sigla *Eusko Ekintza*, colaboran hoy con los grupos —todos alegales o directamente ilegales e investigados por terrorismo en algún caso- de la denominada «izquierda *abertzale* disidente», que enjuicia a Arnaldo Otegui y la actual dirección «oficialista» de Sortu como liquidacionista y aburguesada. Nos referimos a ATA, GKS, *Jarki*, *Jardun*, *Kontseilu Sozialista*, etc.; en general, grupos integrados por gente muy joven y con una creciente capacidad de movilización callejera, especialmente en Navarra y Vitoria.

Los *mendigoxales* continuarían sus actividades en el seno del PNV, constituyéndose en una especie de sector sabinista ortodoxo, racista e intransigente, caracterizándose, entre otras notas, por su aversión a los inmigrantes y su apelación constante al antimaketismo. Su órgano de expresión fue *Jagi-*

Jagi (Ariba-Arriba). Entre otras perlas memorables, señalemos que uno de sus líderes, Trifón Echebarria *(Etarte)*, definió la relación «Euzkadi-España» como una «lucha de razas»[124]. Este sector montaraz propuso, en 1933, que Francisco Idiáquez, correligionario nacionalista de Guetaria encarcelado por el homicidio del republicano de Motrico, Ciriaco Gachaga, en el año anterior[125], encabezara la lista del PNV por Guipúzcoa en las elecciones legislativas de aquel año...

A finales de 1934, este grupo se escinde del PNV, dando lugar a *Euzkadi Mendigoxale Batza* (EMB, Federación de Montañeros de Euskadi). Entre ellos encontramos a Eli Gallastegui, si bien en esta ocasión no logró galvanizar al grupo. Ya en la guerra civil, sus integrantes sumaron dos batallones del Ejército vasco, con algo más de 1.200 hombres en total. Eli Gallastegui tuvo una participación muy discutida, siendo calificado, por muchos de sus antiguos correligionarios, como «cobarde».

Decididamente independentistas, ya terminada la guerra civil, los *Jagi-Jagi* promovieron en varias ocasiones la unión del PNV, ANV y su propio grupo, fracasando en el empeño. Fue en Venezuela donde sus publicaciones alcanzaron mayor desarrollo a lo largo del franquismo; no en vano el PNV contaba allí con unos 400 afiliados en el seno de una relevante y próspera comunidad de emigrantes vascos. Manuel Fernández Etxeberria (*Matxari*), relevante

---

124 Fernández Soldevilla, Gaizka y López Romo, Raúl: *Sangre, votos, manifestaciones. ETA y el nacionalismo vasco radical (1958-2011).* Tecnos, Madrid, 2012, páginas 46 a 48.

125 https://aunamendi.eusko-ikaskuntza.eus/eu/el-caso-idiaquez/ar-47033/

militante *jeltzale* posicionado con los *Jagi-Jagi*, sería una de sus voces más radicales y representativas, proponiendo, como en otras ocasiones, un Frente Nacional Vasco, lo que le generó su expulsión del PNV en 1960.

Los últimos militantes de EMB recibirían con gran alegría la aparición de ETA, si bien sus fundadores apenas conocían la trayectoria de *Aberri* y *Jagi-Jagi*. En 1969 se publicó en Venezuela *Bai,* una revista de corta trayectoria, con aportaciones de ETA, ANV y los veteranos de EMB. No obstante, para los *mendigoxales* se trataba casi de los último rescoldos, y para ETA, de una actividad casi marginal, si bien en años posteriores reservaría muchos recursos humanos y materiales a su red exterior, particularmente a Venezuela.

Concretamente, fueron dos de los teóricos de ETA, Federico Krutwig y José Antonio Etxebarrieta, quienes hicieron propios algunos de los principios estratégicos de Eli Gallestegui y los suyos (independencia, ruptura con el aburguesado PNV, antiespañolismo visceral, opción por la violencia) enlazándolos con aquella «cultura política» de ETA que, por entonces, experimentaba constantes reformulaciones; aportándole ingredientes procedentes de las luchas anticoloniales e incluso conceptos del maoísmo que, sin duda, los últimos *Jagi-Jagi* difícilmente podrían asumir.

Un nuevo nexo de unión entre las diversas organizaciones nacionalistas vascas, ya al final del franquismo, tendría lugar en «Ayuda Patriótica Vasca» (*Eusko Abertzale Laguntza*), cuyo objeto era apoyar económicamente a nacionalistas vascos presos o exiliados, así como a sus familias. Las siglas existían desde 1958, año en que se editó un pasquín firmado por un «Frente Nacional Vasco» radicado en la localidad vasco-francesa de San Juan de Luz. Se constituyó en la primavera de 1967 de la mano de doce nacionalistas, a título personal, que militaban en diversas formaciones: PNV, ELA-STV (el sindicato del PNV), ANV, *Jagi-Jagi* y ETA. Uno de sus colaboradores fue, ¡cómo no!, Eli Gallastegui, muy anciano ya. Debe recordarse que cuatro de sus nietos fueron condenados por pertenencia a la banda armada ETA y participación en diversos atentados. Concretamente, Irantzu Gallastegi Sodupe (*Amaia*) fue condenado, entre otros, por el asesinato del socialista Femando Múgica en 1996 y del concejal del PP Miguel Ángel Blanco en 1997.

En aquellos años de clandestinidad, bajo el franquismo, la progresiva determinación de ETA por la violencia y su capacidad de atracción sobre las nuevas generaciones de nacionalistas vascos, generó no pocas tensiones internas en el anquilosado y timorato PNV de entonces. Uno de sus líderes históricos más relevantes, durante la guerra civil -Consejero de Gobernación y Seguridad Ciudadana del Gobierno Vasco ya en 1936- y en el exilio, Telesforo Monzón, fundaría en Francia en los años finales del franquismo (1969), con el objetivo de ayudar a los etarras allí refugiados, la asociación *Anai Artea* (Entre hermanos). Se declararía, ulteriormente, firme partidario del terrorismo etarra, alejándose de manera progresiva del PNV. También se mostró a favor de un Frente Nacional Vasco que agrupara a todos los partidos políticos independentistas. Promovió la creación de la «Mesa de Alsasua», antecedente inmediato de *Herri Batasuna*, que vio la luz en agosto de 1976. Llegaría a ser, poco después, importante cargo público electo de la formación *abertzale*. En 1979 fue juzgado por apología del terrorismo. Falleció en Bayona el 9 de marzo de 1981.

Pero fue en el seno de las juventudes del PNV donde tuvieron lugar las mayores tensiones internas, llegando en muchos casos a colaborar y a integrarse plenamente en ETA. Fue el caso del sector conocido como *EGI-Batasuna*. Esta facción nacionalista estaba dirigida por Iñaki Múgica Arregui(*Ezkerra*), quien colocara la ikurriña en la Catedral de Burgos el 12 de octubre de 1967. El PNV le encargaría la organización de «grupos de acción» que elevaran el decaído prestigio del partido ante el activismo de ETA. No obstante, él mismo, junto a medio millar de militantes de EGI, se integrarían en ETA V Asamblea en la primavera de 1972. Huelga decir que ETA, que se encontraba por entonces en extrema debilidad, salió reforzada en todas sus dimensiones.

Pero antes de aquél «desembarco» colectivo, un 6 de abril de 1969, los navarros Joaquín Artajo y Alberto Azurmendi, ambos miembros de *Euzko Gastedi Indarra* y seguramente vinculados a dichos «grupos de acción», murieron al explotarles una bomba que estaban preparando en el valle de la Ulzama, supuestamente para accionarla contra algún monumento franquista.

Artajo y Azurmeni eran miembros, igualmente, de *Eusko Bazterra*, la sección juvenil de la Real Sociedad de Amigos del País en Pamplona, integrada mayoritariamente por afiliados del PNV y que contaban con un local en la plaza de San José; precisamente el lugar donde funcionó una de las primeras ikastolas clandestinas. *Eusko Bazterra* agrupaba a jóvenes nacionalistas interesados en la promoción de la cultura vasca, el montañismo y la discusión política. Colaboraron en la implantación del *Olentzero* en Pamplona.

Lo que constata tan triste historia es que el humus sabiniano del supremacismo panvasquista, el odio antiespañol y el espíritu sectario e hipermilitante, por muchos matices y excusas que presenten los «moderados», engendró varias generaciones de auténticos monstruos. De aquellos polvos, estos lodos. De hecho, el siguiente capítulo que sufrirá el nacionalismo vasco, en su conjunto, será la lucha más descarnada posible y larga entre el PNV y ETA por el liderazgo y la toma del control. Padres e hijos, eliminada la inmensa mayoría de sus comunes enemigos, lucharán sin piedad por la conformación de la nueva generación nacionalista que alcance la independencia. Eso sí, sin perderse jamás de vista.

20.- «EL ARBOL Y LAS NUECES» ANTE EL «ESPÍRITU DE ERMUA»

La primera expresión que preside este apartado, atribuida universalmente a quien fuera relevante dirigente del EAJ-PNV durante muchos años, Xabier Arzalluz, forma parte ya del imaginario colectivo. De tal modo, esta frase se asocia a un estilo de «hacer política» que no comparte los valores comunes del resto de actores del régimen democrático español: mediante el empleo de un doble lenguaje; la persecución de componendas que siempre benefician al interés particular de la propia facción; la ausencia de empatía hacia víctimas del terrorismo y rivales políticos; la justificación de los medios en función del fin propio.

Xavier Arzalluz falleció el día 28 de febrero de 2019. Por entonces ya era muy conocida aquella polémica y manida expresión; incluso existían, desde años atrás, gruesos volúmenes periodísticos que compilaban sus reiteradas y semiclandestinas maniobras. Un trabajador incasable siempre al servicio del que consideraba «su pueblo» y «su partido»[126].

Teo Uriarte, antiguo militante de ETA allá por 1963-1977, con ocasión del décimo aniversario de la declaración de la banda por la que anunciara el fin de los atentados, recordaba algunas de sus experiencias vitales. Hacia 1980-1981, Uriarte se propuso convencer a los líderes de ETA-Político Militar (ETA-PM en lo sucesivo) de la necesidad de

---

[126]Gurruchaga, Carmen y San Sebastián, Isabel: *El Árbol y las nueces, La relación secreta entre ETA y PNV,* Temas de hoy, Madrid, septiembre de 2000.

disolución de aquella rama de la banda, lo que le llevó a realizar numerosos viajes al sur de Francia. Uriarte recordaba cómo también «Xabier Arzalluz cruzaba la frontera a Francia sin ningún problema en su coche oficial»; por contra, el propio Uriarte encontraba muchas dificultades en aquellos tránsitos por parte de la Guardia Civil. Uriarte pretendía «convencer a los poli-milis para hacer una disolución de verdad con un acta, petición de perdón y entrega de armas (como se hizo) explicándoles que ya había democracia, libertad, autonomía, enseñanza del euskera, concierto económico y que ya no tenía sentido el terrorismo...» [127]. Muy interesante todo ello. Pero aquella propuesta, ¿no incluía el esclarecimiento de todos los asesinatos perpetrados por la organización? Recordemos que, a estas alturas de 2022, la inmensa mayoría de los crímenes de ETA-PM sigue sin esclarecerse. Por ello, deberían responder los políticos de entonces, si tal circunstancia fue el «precio» por dejar de matar. Todo parece indicar que así fue... Pero no vemos cercano, lamentablemente, un Núremberg que les enjuicie. Mientras tanto, Uriarte podría seguir proporcionando más datos concretos de aquellas componendas.

¿Y por qué Xavier Arzalluz cruzaba también la frontera? ¿Acaso rivalizaba con Uriarte en el intento de desactivar la potencia asesina de ETA? Parece que no.

Diversas fuentes periodísticas señalan que el 20 de agosto de 1981, Xabier Arzalluz se reunió en el sur de Francia con los dirigentes de ETA-PM. Era un momento en el que se estaban planteando mantener la tregua o reiniciar sus

---

[127] https://okdiario.com/espana/teo-uriarte-desvela-dia-que-xabier-arzalluz-fue-francia-pedirle-eta-que-siguiera-matando-7981169

atentados terroristas. Uriarte, por su parte, afirma que lo que Arzalluz hizo fue sugerirles que se atuvieran a las consecuencias en caso de disolverse, no en vano, si se disolvían, «todavía hay muchos objetivos políticos que conseguir». Difícil expresarlo en tan pocas palabras: Arzalluz sugería que continuaran asesinando en aras de unos objetivos políticos comunes.

El papel desempeñado por Arzalluz desmoralizó y asustó a Uriarte y a otros como él. Y ETA-PM continuó su triste aventura. Poco después, en 1982, un sector se escinde dando lugar a ETA-PM (VII Asamblea), que apostaría por la «acción política» a través de EIA (*Euskal Iraultzarako Alderdia*, Partido para la Revolución Vasca) y la coalición -y luego partido- que le sucedió, *Euskadiko Ezkerra*. El 30 de diciembre de 1982, este grupo terrorista se disuelve formalmente, acogiéndose sus militantes a la denominada «Vía Rosón» de reinserción. El sector mayoritario, ETA-PM (VIII Asamblea), sufrirá nuevas divisiones, como fue el caso de los sanguinarios Comandos *Bereziak* (especiales), que se organizarían en una tendencia —*milikis*- partidaria de la confluencia con el grueso de la banda, ETA-Militar. En febrero de 1984 ETA-M admite a los *milikis* dentro de su organización. Uno de los encarcelados por entonces, condenado por terrorismo, y perteneciente a esta facción era... Arnaldo Otegui. ETA-PM (VIII Asamblea) desapareció en 1986 sin anunciar formalmente su disolución. En su carrera criminal, ETA-PM asesinó a 28 personas; crímenes que, en su inmensa mayoría, siguen sin resolverse.

El político nacionalista José María Bandrés, quien terminaría en el Partido Socialista de Euskadi-PSOE-EE al igual que buena parte de la militancia de *Euskadiko Ezkerra*, ratificó, por su parte, la celebración de dichos encuentros de Arzalluz con diversas facciones de ETA. «Se estaba negociando el Estatuto con Madrid (...) un día quedé con dos personas importantes del PNV. Se comió, se bebió, y a los postres se dijo claramente que estábamos tocando la flauta, que a quién se le ocurría decirles a los polimilis que dejasen de dar golpes cuando estamos en un momento importantísimo en la profundización del autogobierno. Luego los propios polimilis me lo contaron: "Oye, que ha estado aquí Arzalluz para decirnos que no hagamos tonterías, que no nos disolvamos"»[128]. Al parecer, Arzalluz, presidente del máximo órgano de dirección del PNV, el EBB, se habría reunido al menos en dos ocasiones con ETA-PM y otra con ETA-M.

Años después de tales encuentros fue requisado un documento escrito, a modo de acta, de la reunión mantenida por dos miembros de *Herri Batasuna* y Xabier Arzalluz, en abril de 1990, en la que habría pronunciado la frase por la que pasará a la historia: «No conozco ningún pueblo que haya alcanzado su liberación sin que unos arreen y otros discutan; unos sacudan el árbol, pero sin romperlo para que caigan las nueces, y otros las recogen para repartirlas»[129]. En dicha reunión, Arzalluz calificaría a sus socios socialistas de gobierno, nada menos, que como «enemigos». Pero, en política, ¿no habíamos quedado que únicamente hay rivales y jamás enemigos? Y más cosas que dijo: «El enemigo número uno es el de siempre, aunque ahora gobernemos con él. Ellos no se fían de nosotros. Hacen como que sí, pero no, y a

---

[128] https://www.elmundo.es/pais-vasco/2019/03/01/5c7858adfdddffa5be8b46cb.html

[129] https://elpais.com/diario/1994/04/03/espana/765324012_850215.html

veces se les escapan cosas»; «Felipe González no se fía de mí. No se fían de nosotros ni con la *Ertzaintza* ni con las cárceles. A Cataluña le han transferido hace tiempo la competencia penitenciaria. A nosotros no, porque no se fían. Madrid intuye que al final el objetivo principal del PNV y de ETA es el mismo». Gorka Agirre, acompañante de Arzalluz en la reunión, a su vez miembro del EBB, señaló: «Al final, tendremos que llegar a algún acuerdo porque, para conseguir lo que buscamos, tendremos que gobernar con vosotros». Y bien que lo intentó, hasta el punto de que, cuando falleció en 2009, su partido recordó en una sentida necrológica que «Gorka Agirre fue encomendado por el EBB de pilotar las negociaciones que darían lugar al Acuerdo de Lizarra y a la tregua declarada por ETA en 1998»[130]. Extraña manera de romper aquella unánime proclama de la «unidad de los demócratas» y, de paso, dinamitar el esperanzador «Espíritu de Ermua»: antes nacionalistas que demócratas.

Los descritos, hasta ahora, no han sido comportamientos excepcionales en la historia reciente del PNV; lo cierto es que en varias ocasiones en que ETA estaba al borde del colapso, desde el EAJ-PNV se contribuyó a darles oxígeno. Fue el caso de la caída de la cúpula de ETA en Bidart, en 1992; también cuando, años después, fuera asesinado Miguel Ángel Blanco el 13 de julio de 1997. No en vano, el ya aludido «Espíritu de Ermua» pudo acarrear, de haberse sostenido unánimemente, el acorralamiento definitivo de ETA y, acaso, el declive del nacionalismo. Sin embargo, aunque el lehendakari Ardanza apelara a la unidad de los demócratas para aislar a *Batasuna* y ETA, Arzalluz —y el

---

130 https://www.eaj-pnv.eus/es/noticias/20983/fallece-el-exdirigente-de-eaj-pnv-gorka-agirre

resto de la cúpula del PNV- dieron vía libre a las conversaciones que culminarían en el ya mencionado pacto de Lizarra de 12 de diciembre de 1998.

En este contexto, el PNV reflexionaba de la siguiente manera ante los emisarios de los terroristas, según los documentos enviados por ETA al diario *Gara* [131], sobre los acuerdos firmados por los partidos nacionalistas y ETA, fechado en agosto de 1998 y publicado el 30 de abril de 2000: «no podemos dejar el control de las instituciones en manos de quienes no son *abertzale*s», a la par que proclamaban que «cuestiones fundamentales que hay que resolver son la territorialidad, el sujeto de decisión y la soberanía».

Algunos analistas pretenden explicar los comportamientos de Xabier Arzalluz -quien pronunció palabras durísimas contra familiares de víctimas de ETA, entre otros muchos agravios desconcertantes- como propios de los *jeltzales* alineados con el denominado sector *aberriano* del PNV. Recordemos aquella historia. En 1921, el PNV cambia de nombre a Comunión Nacionalista Vasca, al prevalecer una orientación más posibilista y moderada en sus pretensiones, que algunos —tanto analistas como historiadores- asocian a ciertas raíces fueristas. El sector del PNV más radical se mantuvo bajo el nombre de *Aberri*. El 16 de noviembre de 1930, ambas formaciones se unifican en el resucitado PNV que llega hasta hoy, de modo que en su interior convivirían diversas sensibilidades.

Desde la perspectiva anterior, siempre se ha asociado a Arzalluz con la sensibilidad *aberriana* o independentista. No

---

[131] https://www.elmundo.es/nacional/eta/tregua/ruptura/documentosgara.html

obstante, debemos deslindar dos conceptos: estrategia y táctica. Por estrategia entendemos el objetivo decisivo; de tal modo, casi nadie duda —siempre habrá ingenuos que no quieran mirar de frente la realidad- que para todo el PNV la independencia y construcción de un Estado Nacional Vasco constituye el objetivo final. Las tácticas son, por su parte, los medios proporcionados a tal fin; de ahí las modulaciones de su discurso, evolución ideológica y programática, política de pactos, establecimiento de alianzas, etc. Arzalluz siempre se mostró maquiavélicamente pragmático. Siempre con la mirada en el objetivo final, no tenía prisa: su trabajo ya lo culminarían las generaciones nacionalistas venideras. Independentista, sí, pero pragmático. Calculador de fuerzas propias y ajenas, observador frío e inteligente, ejercía su poder sin que su conciencia y manos temblaran. De ahí tan fascinante «cintura política» y tan desconcertante trayectoria.

Seguramente, por todas estas cualidades, Arzalluz fue un personaje excepcional que únicamente era posible en un partido como el EAJ-PNV. Recordemos que nació *bizkaitarra* para después convertirse en panvasquista. Integrista católico, nacionalista- conservador, demócrata cristiano progresista más tarde, abanderado de la agenda LGTB finalmente. ¿Dónde están los límites del EAJ-PNV en su evolución? Únicamente tiene dos conocidos: la voluntad de poder y la consecución de sus objetivos últimos.

21.- ENTRE LA IMPOSIBLE EQUIDISTANCIA Y LA MALA FE: LOS NACIONALISTAS VASCOS ANTE LAS VÍCTIMAS DEL TERRORISMO

Si miramos hacia atrás, vemos que el PNV, de palabra, siempre condenó el terrorismo «venga de donde venga». Eso sí, su actitud ante las víctimas concretas fue mucho más selectiva: inequívoco apoyo a las mismas y sus familias en el caso de ser afines a sus filas; frialdad ante las demás. Tampoco puede afirmarse que en apoyos concretos (psicólogos de urgencia, ayudas materiales, reconocimiento, homenajes) se adelantara a los tardíamente desplegados desde la administración central. Nos estamos remitiendo, por tanto, a la actitud pública del partido.

Por lo que se refiere a nivel personal, en los comportamientos de sus militantes y *burukides* ha habido de todo: ejercicio de equidistancia, indiferencia expresa, dolor compartido, verdadera indignación... Por lo que respecta a la «historia oculta» del partido, ya nos hemos referido, en parte, a la faceta casi clandestina que desplegara, por ejemplo, el responsable de la metáfora del «árbol y las nueces», Xabier Arzalluz, y sus numerosos y ya acreditados contactos con dirigentes de la banda, en contextos y tiempos muy diversos. Es realmente muy grave, desde una perspectiva moral, que en público se afirme una cosa, tal vez sin demasiada convicción, y por detrás se hablara, y no poco, con ETA. Y no precisamente con la condición *sine qua non* de que dejara de asesinar terminante y definitivamente.

La tan manida metáfora del árbol y las nueces debe ser analizada para entender su alcance real. Son hechos: si alguien mueve el árbol y otros recogen los frutos, ello implica necesariamente un concierto, una alianza, un acuerdo en el reparto de funciones entre, al menos, dos interlocutores. Un concreto acuerdo espacio-temporal; no fuere que se moviera el árbol... y nadie recogiera las nueces. O que esperando se desprendieran, nadie perpetrara tan inhumano como anhelado «trabajo». Pero dejémonos de eufemismos: ¿qué árbol? El de la deshumanización del rival, el del terrorismo, el de la violencia extrema de raíces políticas, el de la crispación interesada y buscada, el de la confrontación social. ¿Qué nueces? Las de los réditos políticos: más competencias políticas, más favores, más dinero, más medios de comunicación, más «manga ancha», más mirar hacia otro lado. Hacer una cosa aquí y otras en privado. Así es el nacionalismo vasco en su conjunto: en nombre de su nación ideal se permiten todo; incluso cargarse el principio de no contradicción.

Por lo que respecta a la «izquierda *abertzale*», todos sabemos que siempre han apoyado al terrorismo: no en vano, sus orígenes carnales son el terror mismo. Para sus hombres y mujeres, las víctimas eran, a lo sumo, «daños colaterales»; es más, afirmarían que «muchos se lo merecían». Pero, hoy, tal y como a ellos les gusta afirmar, «el escenario ha cambiado». Ahora «lamentan», o dicen «compartir el dolor causado», etc. Pero no hacen nada para desvelar a los autores de tantos asesinatos pendientes de resolución.

Se podría afirmar que, en su conjunto, el nacionalismo vasco perpetra la técnica de la equidistancia moral; una manera de justificar el terrorismo de «los suyos». Así, lo presentan como un «conflicto entre dos bandos». Alegando, por demás, que en toda guerra hay muertos por «ambos bandos».

¿Pero realmente fue así? El reconocimiento de la existencia de víctimas requiere reconocer la existencia de verdugos, de victimarios. No obstante, la izquierda *abertzale* nunca ha reconocido por ejemplo que «el carnicero de Mondragón» sea un asesino en serie. Es más, se le ha apoyado durante todos los años de estancia en prisión, al igual que a su familia (moralmente, con dinero y abogados, facilitándole lecturas y correspondencia, cuidándole con visitas de amigos, trasladándole profesores afines, incluso novias...). Y a su salida de prisión se le ha recibido con un *aurresku*, ikurriñas, abrazos... y una verdadera fiesta en su pueblo o barrio, donde seguirá disfrutando del reconocimiento de la comunidad *abertzale*. Entonces, ¿dónde queda su presunta equidistancia? Todo indica que, en su fuero interno, los filoetarras consideran que no se equivocaron en esencia, que «hicieron lo que tenían que hacer» y que «se movilizaron para evitar el exterminio de "su" pueblo».

Debe recordarse que no es lo mismo morir matando, habiendo iniciado la agresión -que es el caso de toda acción terrorista, siempre cobarde al buscar la sorpresa-, que matar en defensa propia. El primer supuesto ya no es el de una víctima: es la de un verdugo voluntario que, afortunadamente, ha fracasado. En el segundo caso -por ejemplo un policía que repelió el ataque- se defendió la propia vida conforme la legalidad vigente, al Derecho Internacional y a la más elemental decencia. Fue una víctima que afortunadamente salvó la vida.

En los conflictos bélicos, en toda guerra, existe un Derecho Internacional, unas prácticas admitidas, y otras que, de producirse, merecen un castigo terminante. Los asesinatos de seres humanos indefensos, especialmente si se trata de civiles desarmados, nunca están justificado; es más, serán considerados y enjuiciados como «crímenes de guerra» o «contra la humanidad». De hecho, el admitido en su día como «derecho de represalia», si bien se sigue practicando (caso del ejército israelí dinamitando los domicilios de supuestos terroristas de Hamás), viene siendo muy cuestionado conforme avanza la conciencia moral de la humanidad; además, tiene límites.

Pero para el terrorista y sus apoyos no existe límite alguno; sobre todo al no existir declaración de guerra, ni reconocimiento del estatus de combatientes y civiles, ni mecanismos internacionales de humanización, etc. De modo que incluso si se habla de «guerra», que no fue el caso, tampoco es admisible la equidistancia ante cualquier acción.

Respecto a su dimensión carcelaria, los terroristas en prisión lo fueron por delitos verificados, constatados y enjuiciados con todas las garantías procesales y legales de un régimen democrático y avanzado. De tal modo, su régimen de cumplimiento penal es similar al del resto de presos preventivos o penados de los centros penitenciarios españoles y franceses. Si son o fueron sometidos a un régimen de mayor control desde la perspectiva de la seguridad, lo fue a causa de su comportamiento personal, por seguir formando parte en prisión de una banda armada, organizada y con voluntad de seguir matando al margen de cualquier legalidad o sentido del bien y del mal.

En este contexto, si no pocas familias sufrieron secuelas a causa del fallecimiento de un terrorista, su exilio o internamiento en prisión, no se trató jamás de una condena adicional, sino de las inevitables consecuencias de vivir en sociedad: las conductas arrastran efectos. Si el aleteo de una mariposa puede causar un huracán en el otro extremo del mundo, se dice, ¿qué efectos no causará a los propios —se quiera o no- cuando alguien decide asesinar por la espalda o detonar una bomba a distancia? De tal modo, esas familias de terroristas no son víctimas del Estado de Derecho. Lo son de las consecuencias derivadas de las acciones de sus propios familiares. Por ejemplo, la madre de un violador jamás será víctima de los actos de los jueces y policías que detuvieron y juzgaron a su hijo. Si es víctima de algo, lo es de las acciones de su propio hijo.

Hablar de «presos políticos» es perverso. Nadie es encarcelado por sus ideas políticas en España: lo ha sido y será a causa de sus acciones si incurren en ilícitos penales. Si una persona roba o viola, por mucho que alegue falta de cariño, desestructuración familiar y carencia de habilidades sociales, no es una víctima del sistema político, pues todo sistema social es político; jamás será considerado preso político. El violador puede autopercibirse como una víctima política de una sociedad injusta; pero esa percepción no justifica su comportamiento ni le atribuye condición de víctima. Siempre será el victimario.

Cuando ETA afirmaba que había «ejecutado» a un «enemigo del pueblo vasco», pretendía falsamente que su asesinato era el resultado de un juicio. Pero semejante «juicio» era el propio de un tirano despiadado: la víctima no podía defenderse en modo alguno —tampoco dialécticamente-, la condena estaba dictada al margen de sus circunstancias personales, y de cualquier ley escrita, y era fruto de la voluntad de los que se consideraban dueños de las vidas ajenas.

El «pueblo vasco», en última instancia, es una abstracción. Existen los vascos, los navarros, con sus derechos y sus deberes respectivos; el primero de los cuales es el derecho a la vida, base de todos los demás. El «pueblo vasco», tal y como es esgrimido, manipulado, arrogado y simbolizado, es una entelequia ideológica; la coartada de un ejercicio despótico y cruel de un poder sin límites e incontrolable. Y tratándose de un constructo, nunca debiera estar por encima de las personas reales, pues en tal caso, quien dictamina la naturaleza y alcance de tal «sustancia» se convierte en parte, juez y verdugo. Es decir, tiene una dimensión y mentalidad totalitaria.

ETA asesinó supuestamente por otras muchas «causas»: contra la energía nuclear, contra el tráfico de drogas, contra los intereses turísticos españoles, contra la oligarquía empresarial, contra el ejército ocupante, contra los colaboradores conscientes o inconscientes de todos los anteriores, contra quien pensara distinto y pudiera alzarse en su contra... En definitiva, contra cualquiera; más tarde elaboraría las «justificaciones» para acallar conciencias y fortalecer a los afines. Pero eso no es justicia, ni siquiera «justicia revolucionaria»: es pura barbarie, arbitrariedad.

No olvidemos otro asunto: en el País Vasco y Navarra no existían dos comunidades armadas y enfrentadas, al estilo irlandés. Tampoco se trataba de un territorio colonial, ni ocupado por una potencia extranjera tras una guerra injusta. Pero la dinámica terrorista pretendía situar a «todos» -recuérdese la estrategia de «socialización del sufrimiento»- ante un dilema: o con ellos incondicionalmente, o contra ellos y con todos los riesgos. O, dicho de otra manera: había que tomar partido por los verdugos y sus amigos y simpatizantes; o de lo contrario ya eras un enemigo del pueblo vasco, un «antivasco». Un dilema del que tratarían de zafarse PNV y EA en alguna medida, quienes se moverían en función de sus oportunistas intereses de partido. Algo perverso igualmente.

Pero la izquierda *abertzale* no decae en su victimismo inmoral y, poco a poco, ante la pasividad o simpatías contenidas desde el PNV y EA, viene insertando una versión interesada en la construcción colectiva del «relato del terrorismo». Ya en julio de 2010, una publicación afín a los filoetarras [132] afirmaba que desde 1959, año de la aparición de ETA, 465 vascos habían sido muertos por el estado español y francés. Dicho número englobaba, mayormente, terroristas muertos por la policía francesa y española al repeler atentados; otros habían fallecido al explotarles antes de tiempo los artefactos que portaban. Una cifra que incluía incluso terroristas que se suicidaron en prisión o en el exilio en países lejanos; o muertos en accidentes automovilísticos. Y también, en palabras de Fernández Soldevilla, «casos ocurridos fuera de España como un muerto por una mina en Nicaragua; un misionero asesinado por paramilitares en Colombia, un manifestante en Roma y dos cooperantes de la guerrilla en El Salvador, además de criminales comunes y un hincha de fútbol»[133].

La táctica era y es evidente: buscar una supuesta equidistancia o equilibrio entre hipotéticos contendientes, convertir en víctimas a los verdugos, relativizar y suavizar los atentados terroristas, presentar a los victimarios como víctimas, en definitiva. Un blanqueamiento de la trayectoria

---

[132] *Euskal Memoria,* n° 1, julio de 2010.

[133] https://elpais.com/politica/2018/04/15/actualidad/ 1523808385_667223.html

criminal de la banda separatista. Lo triste es que por intereses políticos cortoplacistas o miopía política, tan perversas distorsiones vayan ganando aliados. Por ello, mezclar víctimas del terrorismo con víctimas de abusos policiales, o de otras diversas «violencias de raíz política», únicamente trae confusión, relativismo y blanqueo. De ahí que diversas iniciativas legislativas (caso de la denominada Ley vasca de Abusos Policiales o el I Plan Estratégico de Convivencia 2021-2024 elaborado[134] por el Departamento de Relaciones Ciudadanas a través de la Dirección General de Paz Convivencia y Derechos Humanos del Gobierno de Navarra), avaladas también por el EAJ-PNV, hayan generado la indignación y tristeza de la inmensa mayoría de víctimas del terrorismo y sus familiares.

Pero desde el «nacionalismo moderado» no se limitan a mirar hacia otro lado o a avalar en parlamentos y ayuntamientos resoluciones y leyes de intencionalidad equidistante. *Sare* (*red*, en euskera) es una organización que apoya a los presos de ETA desde 2014 en continuidad con las que le precedieron: Gestoras Pro-Amnistía, *Askatasuna*, *Senideak* y *Etxerat*. Muy activa en diversos frentes, uno de sus objetivos

---

[134] Un párrafo del plan a modo de ejemplo: «Las actuaciones previstas en el Plan van unidas a seis realidades que coinciden con sus ejes y que, por su complejidad e importancia, requieren de una atención especial y prioritaria: la aplicación de los derechos humanos; la convivencia entre diferentes opiniones e ideologías, identidades, opciones sexuales y de género, visiones laicas y religiosas, culturas y orígenes; el reconocimiento y aplicación de derechos de las víctimas del terrorismo y de la violencia política; la construcción de una memoria crítica e inclusiva; la necesidad de educarnos y aprender para convivir; y la ejemplaridad de las instituciones y su capacidad de ser referentes de convivencia». Inclusión, crítica, memoria, educación, convivencia… Una verdadera jerga que pretende ocultar la equidistancia y el blanqueamiento de un relato, todavía en construcción, del que quieren eliminar, por molestas e insobornable, a las víctimas del terrorismo; del terrorismo etarra y de sus múltiples coadyuvantes y complicidades.

principales era el acercamiento de los «presos vascos» a Vascongadas y Navarra. Ahora, quieren más. Y su portavoz es Joseba Azkarraga, exconsejero de Justicia del Gobierno vasco por *Eusko Alkartasuna*, habiéndose iniciado en política ya en 1966 en el PNV. Tras veinte años de militancia en el *alderdi,* se fue con los escindidos que dieron lugar a *Eusko Alkartasuna*. Consejero del Gobierno Vasco, impulsor del plan Ibarretxe etc., etc., abandonó la política activa hacia 2004, incorporándose a la Corporación Mondragón donde fue Director del Sector Público de Caja Laboral. Diez años después retomaría la política liderando *Sare*. Si tan gran humanista se considera, bien pudo elegir el campo de las víctimas, pero no: prefirió sumarse al de los victimarios. Afortunadamente no todos los nacionalistas panvasquistas son como él. Por ello, como colofón del libro, recordaremos al gran Joseba Arregi.

22.- DEL «DERECHO A LA AUTODERMINACIÓN» AL «DERECHO A DECIDIR»

El nacionalismo, auténtico egoísmo e individualismo de los pueblos, es un producto cultural y político del siglo XIX, asociado con el romanticismo alemán, con los intereses estratégicos de los Estados Unidos y con la decadencia de diversos imperios. Fueron los supuestos del español, el ruso, el turco o el austro-húngaro. Mazzini formuló el «principio de las nacionalidades» a mediados del XIX, que afirma que si la nación es la titular de la soberanía, cada una puede aspirar a ejercerla por sí misma; es decir, «una nacionalidad, un Estado».

En este marco, por una parte, grandes naciones como Alemania e Italia alcanzarán su unidad tras siglos de divisiones, de dominios extranjeros y monarquías usurpadoras o títeres; eso sí, con el abono de un enorme reguero de sangre. Tres grandes imperios presentes en Europa, por otra parte, acelerarán su decadencia: el ruso, el austro-húngaro y el otomano. El español apenas era una sombra de lo que fue. En la Europa oriental, sucesivas guerras darán vida a nuevas naciones-estado; otras tendrán que esperar hasta el término de la primera guerra mundial y a la liquidación definitiva de los tres imperios.

Se trata de un contexto histórico plenamente moderno en su sentido histórico y filosófico, con el redescubrimiento de las hablas nacionales, pero también de las regionales; iniciándose su desarrollo académico con la pretensión de poner al día esos idiomas, incorporando en su acervo los cambios culturales, científicos y filosóficos de aquellos años convulsos y acelerados, pero también marcando distancias con los idiomas a los que reprocharan su propio declive.

También en Europa occidental se redescubrirán los idiomas celtas casi extinguidos, como el galés, el irlandés y el escocés; y en los países mediterráneos, el provenzal disfrutará de un fascinante cultivo, el catalán, el gallego... Y en este rincón atlántico de Europa, el vascuence.

El término de la Segunda Guerra Mundial dará lugar al fenómeno casi universal de la «primavera de los pueblos», impulsor y expresión de la descolonización de los imperios inglés, francés, holandés y belga; pero también de la destrucción militar del imperio japonés.

Décadas después, la caída de la Unión Soviética provocará otra «primavera», persistiendo todavía hoy rescoldos de algunos conflictos entonces desatados incluso en Europa. Estamos pensando en la inesperada guerra desatada por la Rusia de Putin contra Ucrania.

Pero los movimientos nacionalistas irredentos no sólo brotaron en los territorios de antiguos imperios en descomposición o en el Tercer Mundo: otros venían de lejos. Es el caso de los que, ya apuntados a finales del XIX, se prolongarán con mayor o menor fortuna en el seno de jóvenes naciones occidentales; caso de los separatistas francófonos de Quebec (en Canadá). También en la civilizada, vieja y aparentemente muy delimitada Europa occidental: entre otros, separatistas vascos en España y Francia, corsos y bretones también en la vecina Francia, independentistas irlandeses en el Úlster británico, y escoceses también en Gran Bretaña, flamencos en Bélgica...

Nacionalismo viene de *nación,* pero ambos conceptos no son unívocos, sufriendo diversas vicisitudes. Por lo que respecta al término *nación* (derivado de nacer), su origen procede, según diversos autores, de la medieval Universidad de París, donde los estudiantes se agrupaban por naciones de procedencia, sentándose en diversos bancos *o concilios.*

Con la Revolución Francesa se extiende el concepto liberal de nación, o «nación política», entendida como un sujeto político distinto del rey o de cualquier otro poder, y superior a los individuos que lo forman. Así, una nación podría agrupar a diversos pueblos; siendo la nación la única titular de la soberanía política y la competente para crear un Estado si así deseaba.

Ya en el siglo XIX nació otra perspectiva del concepto, entendida como «nación cultural», y esgrimida por movimientos nacionalistas que, careciendo de un Estado propio pues formaban parte de otro más amplio, reclamaban la facultad de crear uno. Conforme a esta perspectiva, toda nación debería dotarse de un Estado. Pero, ¿sobre qué factores podía concebirse la nación? Esta perspectiva del nacionalismo cultural basará su consistencia en el idioma, la etnia, la cultura, las costumbres, la religión... De todo ello arrancarán el «principio de las nacionalidades» ya mencionado, elaborado a mediados del XIX, y el «derecho de autodeterminación de los pueblos», más empleado en el siglo XX, y entendido al modo actual de los partidos nacionalistas de todo el mundo; es decir, como la facultad de la que sería titular cada nación para el acceso a su propio Estado, aunque sea disgregándose de otro plurinacional. No obstante, esta perspectiva secesionista y separatista ha sido rechazada por Naciones Unidas.

El estado actual de la cuestión bien puede resumirse en el siguiente párrafo procedente de la resolución de 20 de agosto de 1998 del Tribunal Supremo de Canadá relativo a la pretensión de secesión de Quebec en la que se afirma que «El derecho a la autodeterminación en derecho internacional da [...] apertura al derecho de autodeterminación *externa* en los casos de antiguas colonias; en el caso de pueblos oprimidos, como los pueblos sometidos a una ocupación militar extranjera; o aun en el caso en el que un grupo definido vea negado un acceso real al gobierno para asegurar su desarrollo político, económico, social o cultural. En estas tres situaciones, el pueblo en cuestión goza del derecho a la autodeterminación externa porque se le niega la facultad de ejercer, en lo *interno*, su derecho a la autodeterminación»[135].

No es sencillo, en suma, aprehender el concepto de nacionalismo en el marco de una teoría global dada su versatilidad y enorme casuística. No obstante, podría sintetizarse como la opción política que hace de la defensa de una identidad nacional el eje de toda su acción pública y privada. Además, el nacionalismo mantiene una compleja relación con una de las virtudes cívicas más relevantes: la del patriotismo.

Actualmente en Europa, salvo Portugal e Irlanda, cada Estado–nación ha generado una cultura nacional que es la suma de las aportaciones de las diversas culturas que la integran. De esta manera, numerosas minorías nacionales conviven en el seno de los Estados nacionales, habiéndose constituido numerosos movimientos nacionalistas que reclaman, según su mayor o menor radicalismo, desde el

---

[135] Muñoz Machado, Santiago: *Tratado de Derecho Administrativo y Derecho Público General,* Tomo VIII, Boletín Oficial del Estado, Madrid, 2015, pág. 138 y 139.

mero reconocimiento administrativo de su identidad –especialmente en el plano lingüístico– hasta al ejercicio del derecho de secesión.

El nacionalismo, en uno u otro sentido, es una doctrina legítima; pero en sus pretensiones puede exceder el derecho a la autodeterminación, con su pretensión de romper naciones, extender la conflictividad civil, tratar de imponer segregaciones ciudadanas con grupos de primera y segunda, sirviéndose para todo ello de los recursos de la violencia política, también del terrorismo.

Es más, aunque no recurra a la violencia política explícita, el nacionalismo puede degenerar en una versión radical de tintes totalitarios. Empero, ¿cómo podemos averiguar si un movimiento nacionalista deriva hacia posturas totalitarias? Existen algunos síntomas bastante claros: una pretensión de alcanzar sus objetivos con la violencia; si promueve que la etnia u otro factor cultural-ideológico (como el idioma) predetermine la ciudadanía del futuro Estado; si acuerda la exclusión de todos los que no participen de su proyecto; si se destruye la obra cultural de la trayectoria histórica anterior; si se adoctrina ideológicamente a las nuevas generaciones desde su particular distorsión histórica, eliminando el pluralismo y la diversidad; si se promueve directa o indirectamente la exclusión interna, primero, o el exilio, finalmente, de los disidentes o inadaptados. De procederse así, se aplicaría alguna o varias técnicas del método característico de toda ideología totalitaria, lo que se resume en concebir al oponente político como un «otro» que carece de cualquier derecho (pues supuestamente encarna el «mal absoluto») que la «lucha armada», pero también diversas políticas y técnicas de ingeniería social excluyentes, se encargarán de erradicar.

Mucho más recientemente, los nacionalistas vascos y catalanes se han servido del novísimo, e inexistente en carta alguna de Derecho Internacional, «derecho a decidir». Se trata de una reformulación del «derecho a la autodeterminación» con una nomenclatura más actual, al albur del desarrollo y ampliación de los derechos subjetivos individuales, basados en el sentimiento y el mero deseo. Como el «derecho a la autodeterminación» parece haberse quedado pequeño, por inoperante en la consecución de sus pretensiones, se aferran al clavo ardiendo del «derecho a decidir»; al igual que una persona que se siente "oso" y exige su cambio físico y el reconocimiento social y jurídico, a cargo de la Seguridad Social y demás instancias estatales. De esta manera, el nacionalismo desvela su verdadera naturaleza: la de los sentimientos, deseos, sueños y entelequias de unos iluminados, verdaderos creyentes fanatizados.

En consecuencia, la realidad nunca les ha importado; ni la historia, ni el bien común. Así, toda doctrina política de la que se sirvan será meramente instrumental. Fueron integristas católicos, pero antes que nada, vasquistas. ¿Demócrata-cristianos sinceros? Marxistas-leninistas, décadas después, pero vasquistas por encima de todo. Posmodernos, multiculturales, comunitaristas y lo que haga falta... ¡siempre que seamos *baskos*! Es un sueño que quieren conseguir a toda costa. Más que un sueño, un delirio. Y colectivo.

En definitiva, el nacionalismo vasco, en su conjunto siempre ha sido un actor político dúctil, desleal, arrogante, victimista y permanentemente insatisfecho. Se ha servido de cualquier recurso político, principio o corriente de moda, para avanzar en la «construcción nacional». Y jamás será fiel a nada que no sea su propio proyecto. Por ello, de los nacionalistas vascos se puede esperar cualquier cosa. Únicamente les frenará el contexto internacional predominante y una ciudadanía organizada consciente de su tradición, su historia y su responsabilidad colectiva.

23.- EL PNV Y LA CORRUPCIÓN

Durante algunos años, del dirigente alavés del PNV Alfredo de Miguel lo único que se conocía fuera de su Álava natal era su afición a los comentarios racistas y xenófobos que dedicaba a los «españoles» en su blog, oportunamente eliminado, hasta el punto de escandalizar a algunos periodistas acusados por ello de «tener la piel muy fina»... No obstante, el caso se explicaba por su cercanía al sector más independentista y soberanista del PNV encabezado por Joseba Egibar. Ya se sabía: los comprensibles excesos verbales de *Txitxo*; así era conocido el personaje. Y, como buen jeltzale, fue uno de los cargos públicos que se dejó ver en las exequias de Xabier Arzalluz, allá en marzo de 2019, junto a otros cargos del partido y demás «fuerzas vivas» del país. Sin embargo, casi inmediatamente, volvería a protagonizar portadas y noticias. Pero de una naturaleza muy distinta: la de la estricta y literal corrupción económico-política.

Es uno de los tópicos mejor elaborados y presentados desde el nacionalismo vasco del PNV: «somos un partido de gobierno, moderno, progresista, de valores éticos, honrado». A esta propaganda se le suman otras presuntas cualidades: eficaces, buenos gestores, modestos, discretos, eficientes, educados... El «estilo *basko*» del EAJ-PNV.

No en vano, llevan años «vendiéndonos» la idea de que su estilo de partido, la ideología que lo sustenta, su atípica incompatibilidad partidaria entre cargos orgánicos y públicos, el temperamento de «su» pueblo... todo ello apuntalaría a la honradez prototípica del EAJ-PNV; un partido, al menos en esto, diferente a los demás presentes en la piel de toro. Y casi todo el mundo, dentro y fuera de Vascongadas y Navarra, nos lo creíamos... hasta que explotó el «caso de Miguel».

No vamos a relatar la discreta y sospechosa cobertura que le dedicaron los medios de comunicación. Eso sí, resumiremos los datos más relevantes.

En esencia: la Audiencia de Álava condenó, en diciembre de 2019, a 13 años y 3 meses de prisión al líder de la mayor trama de corrupción política enjuiciada en Vascongadas en su historia reciente, Alfredo de Miguel, número dos del PNV en Álava, por los delitos de tráfico de influencias, cohecho pasivo, malversación de fondos públicos, falsedad documental, influencias, blanqueo de capitales y asociación ilícita. Otros dos socios, Aitor Tellería y Koldo Otxandiano, a su vez antiguos altos cargos jeltzales, lo fueron a penas de 6 años y 6 meses y 7 años y 6 meses, respectivamente. Las tres esposas lo fueron, por su parte, a año y medio de prisión a cada una.

El PNV, a través de su presidente Andoni Ortuzar y el lendakari Iñigo Urkullu, llegaron a pedir perdón en público por tratarse de «nuestras» gentes. Y eso que no fue cosa de tres amiguetes alocados; había muchos más.

En la fase de juicio oral, que duró casi un año, se sentaron en el banquillo de los acusados nada menos que 26 personas: desde altos cargos del PNV alavés a «fontaneros» del partido. Habían organizado una red que otorgaba «contratos a dedo» a cambio de importantes comisiones irregulares. Once de los imputados fueron absueltos. Tres más, aunque sin penas de prisión, fueron inhabilitados por sentencia para ocupar cargos públicos entre cuatro y catorce años. Entre todos ellos destacaba quien fuera director del Departamento de Juventud, Xabier Sánchez Robles; también condenado a 7 años de prisión.

Todo explotó cuando en 2009 una abogada urbanista, Ainhoa Alberdi, denunció que le habían exigido 100.000 euros por la adjudicación de un contrato, al que había optado, en el Parque Tecnológico alavés de Miñano. La abogada se protegió grabando conversaciones y guardando correos electrónicos. A partir de esas primeras informaciones, se descubrió finalmente que la asesoría Kataia Consulting, fundada en el año 2005 y domiciliada en una sociedad gastronómica había gestionado al menos 700.000 euros en comisiones a cargo de operaciones irregulares valoradas en unos 16 millones de euros.

Ante la presión judicial, dos empresarios catalanes terminaron confesando: Francesc Fernández Joval y Placid Casas, quienes abonaron 322.000 euros a cambio de «dinamizar» un proyecto urbanístico. Ambos fueron absueltos, al igual que Joaquim Sabater y Ramón Tomás i Riba. Otro declarante fue el arquitecto jefe de Barcelona en la época de Xavier Trías, Vicente Guallart, quien por un trabajo de 17 folios percibió 400.000 euros.

Josu Arruti, por su parte, administrador único de la sociedad mercantil Sidepur, fue condenado a ocho meses de prisión por cobrar de Construcciones Riera una comisión de 322.000 euros que dividió a partes iguales con Alfredo de Miguel.

Txitxo, quien fuera también diputado foral de Administración Pública por Álava, además de intervenir en todo tipo de contratos públicos, llegó a controlar incluso el nombramiento de los secretarios judiciales municipales de Álava.

El PNV aseguró que se trataba de un incidente aislado, pero lo cierto es que no lo fue en absoluto.

También en 2019, Mariano Camio, quien fuera alcalde de Guetaria por el PNV, fue condenado por el saqueo del museo dedicado al genio de la moda Cristóbal Balenciaga, al igual que su pareja, el arquitecto cubano Julián Argilagos. Se les acusó de embolsarse 1´2 millones de euros de los fondos que diversas administraciones públicas depositaron para la puesta en marcha del Centro Balenciaga; es más, en su desvarío llegaron a perpetrar daños en prendas históricas. Declarado culpable, Camio fue condenado a cuatro años y medio de prisión como autor de un delito continuado de administración desleal y otro de falsificación continuada en documento mercantil. Julián Argilagos, cubano y residente en Miami, y presunto beneficiario principal, se fugó de la justicia...

En febrero del año siguiente le tocó el turno a quien fuera director de Hacienda de Guipúzcoa, y exsenador del PNV, Víctor Bravo. Así, fue condenado a una pena de dos años y cuatro meses de prisión como autor, en calidad de cooperador necesario, de tres delitos fiscales en el marco de la investigación en torno a la mercantil Glass Costa Este Salou; alcanzando la pena un total de 7 años, además de una multa de 3.118.987 de euros y la indemnización a la Agencia Tributaria con 1.559.493,60 euros, de manera solidaria; con el segundo acusado también condenado, su socio el empresario Fernando Isidoro González Enfedaque.

Recordemos, además, las numerosas denuncias de supuestas filtraciones de exámenes para las oposiciones médicas del

Servicio Vasco de Salud (Osakidetza) de 2018 en beneficio de candidatos concretos cercanos a los autores de los exámenes y jefes de servicio de los hospitales. De entrada, ello supuso el cese del consejero de Salud, Jon Darpón, y una parte de su equipo. El caso sigue abierto.

También, por lo que respecta al ámbito de corrupción en administraciones públicas, el parlamento vasco organizó una comisión de investigación sobre el fraude en la contrata de comedores escolares públicos entre 2003 y 2015; un asunto denunciado por la Autoridad Vasca de la Competencia y refrendado por el Tribunal Superior de Justicia. Al parecer, un grupo de empresas (tres del grupo MCC, Eurest, Tamar Las Arenas, Gastronomía Baska y Gastronomía Cantábrica) se repartieron durante años los diferentes lotes comarcales del mayor contrato de Educación, con el sobreprecio de unos 80 millones de euros.

El exalcalde del PNV de Alonsotegi, José Luis Erezuma, el arquitecto Alberto Zulueta y los empresarios Eduardo Ibarra y Francisco Javier Bediaga admitieron en enero de 2022 que elaboraron facturas falsas al objeto de reclamar una subvención de 600.000 euros de la Diputación de Vizcaya y 81.000 euros más de fondos propios del citado ayuntamiento, para pagar una deuda a la constructora Laneder, propiedad de Ibarra y Bediaga. Con el pago de 900.000 euros de multa, y el correspondiente pacto en juzgados, evitaron la vista oral en la que, entre otros, estaban citados de testigos el alcalde de Bilbao y ex diputado foral de Vizcaya, Juan Mari Aburto. EH Bildu, personado en el proceso, pedía 8 años de prisión para cada uno de los acusados. Otras acusaciones particulares reclamaron seis años cada una.

Y el asunto no acaba ahí, pues la empresa municipal de desarrollo urbanístico de la localidad vizcaína también es la clave en otros procesos judiciales abiertos por presuntos delitos de corrupción que habrían cometido otros dos alcaldes del PNV, antecesores de Erezuma; a saber, Gabino Martínez de Arenaza (años 1999-2007) y Aitor Santesteban (alcalde de 2007 a 2011). Ambos fueron imputados por presuntas responsabilidades en la gestión de Alonsotegi Eraikiz, que provocaron pérdidas de unos 16 millones de euros al ayuntamiento.

Recordaremos, por último, que el lendakari Iñigo Urkullu es natural de Alonsotegui.

Seguramente han comprobado que, de momento, Navarra permanece indemne en estas aventuras tan poco reconfortantes. Es el momento de hablarles del caso Davalor.

La sala segunda del Tribunal Supremo abrió, en enero de 2021, una causa penal para investigar a quien fuera consejero por el PNV, Manuel Ayerdi, en el Gobierno Foral de Navarra, por presuntos delitos de prevaricación y malversación de fondos públicos en relación con unas subvenciones, por valor de 2´6 millones de euros, que concedió presuntamente de manera irregular a la empresa Davalor Salud, en situación de insolvencia.

Los hechos tuvieron lugar cuando Manuel Ayerdi figuraba como vicepresidente primero del Gobierno de Navarra de Uxue Barkos, consejero de Desarrollo Económico, y presidente del Consejo de Administración de la Sociedad de Desarrollo de Navarra (SODENA).

Recordemos que la coalición «moderada» nacionalista navarra Geroa Bai está integrada por un partido local, que cuenta con la mayoría de sus militantes -Geroa Socialverdes-

(tres carteras en aquella legislatura), el minúsculo EAJ-PNV que quedó muy tocado tras la escisión de Eusko Alkartasuna, y un número indeterminado de independientes.

Manuel Ayerdi era presidente del Consejo de Administración de SODENA cuando concedió un primer préstamo de un millón de euros a Davalor. Pero lo que sucedía es que, desde el 23 de julio de 2015, Ayerdi ya formaba parte de Gobierno Foral. De tal modo, en septiembre de 2015, su gobierno aprobó, según el tribunal, «mediante un procedimiento extraordinario a propuesta del señor Ayerdi» instar a SODENA a que aportara el préstamo a Davalor. Sin embargo, meses antes, SODENA ya había rechazado apoyar a Davalor al haberle detectado graves «debilidades financieras».

Davalor, ya concedido el préstamo, lo destinó a abonar una gran cantidad a un acreedor, financiar necesidades urgentes derivadas de gastos de personal, pagar cuotas atrasadas a la Seguridad Social y otras deudas de la sociedad. La entidad fue declarada finalmente en concurso. Ayerdi reconocería, en una sesión de control parlamentaria en 2018, que la decisión «era lo más responsable» y fruto de una «corazonada». ¿Seguro que era así? Lo cierto es que en la maraña empresarial concurrían muchos actores vinculados de una u otra manera al PNV y al Gobierno Vasco. Veámoslo.

En la relación de acreedores concursales aprobada por el Juzgado de lo Mercantil nº 1 de Pamplona en julio de 2018 figuraban dos fundaciones y una sociedad de cuyos patronatos y consejo, respectivamente, formaban parte representantes de distintos departamentos del Gobierno Vasco, cuyas pérdidas con Davalor ascendían a un total de 3,3 millones de euros por «deudas y créditos incobrables». La primera de ellas era la Fundación Tekniker, con unas pérdidas de 2'4 millones de euros más 100.246 euros de pérdidas en intereses. De su patronato formaban parte los departamentos de Desarrollo Económico y de Educación del Ejecutivo vasco. La segunda era la Fundación Centro de Tecnologías de Interacción Visual y Comunicaciones, Vicomtech, con 163.148 euros perdidos por «facturas impagadas». En el patronato de ésta participaban, además del Gobierno Vasco, su cadena de televisión pública Euskal Telebista. Por último, otros 560.442 euros de pérdidas eran avales fallidos a Davalor concedidos por Elkargi (Sociedad de Garantías Recíprocas de Guipúzcoa) en 2013 y 2014. Por lo que se fue sabiendo, todo quedaba en «casa».

24.- FALSIFICACIONES BASKAS, S.A. (CASO IRUÑA-VELEIA)

En los años 2005 y 2006 tuvo lugar uno de los presuntos hallazgos arqueológico-epigráficos más espectaculares de las últimas décadas que rápidamente devino en un escándalo de primera magnitud al descubrirse que se trataba de una falsificación en toda regla, si bien en extremo politizada por el mundo abertzale y nacionalista.

Los responsables de las excavaciones arqueológicas en la ciudad romana de Iruña-Veleia, actualmente Iruña de Oca, a 12 kilómetros de Vitoria, anunciaron en junio de 2006 que habían encontrado diversas piezas que cambiarían todo lo conocido hasta entonces acerca de la historia del euskera y de la penetración del cristianismo en territorios vascos. Se trataba de diversas piezas de arcilla que contenían numerosos epígrafes, unos 270 grafitos, fechados a mediados del siglo III, con numerosas referencias a la vida privada: lista de escritores, otra de dioses olímpicos, secuencias numerales, un abecedario, referencias a *La Eneida*, una lista de reyes romanos, otra de emperadores de la casa de Augusto, nombres de faraones egipcios, un *Calvario* cristiano...

Además de todo lo anterior, se filtró periodísticamente la noticia de que a pocos metros de allí habían aparecido numerosos textos en vascuence de carácter cristiano y otros relativos a aspectos de la vida cotidiana. Todo parecía constituir una verdadera revolución; no en vano, se trataría de los primeros vocablos escritos en vascuence, 800 años más antiguos que los primeros conocidos, es decir, los que figuran en las *Glosas Emilianenses* del Monasterio de San Millán de la Cogolla, en La Rioja, datadas en el siglo XI.

Pronto surgieron las sospechas a causa de numerosas incongruencias temporales y filológicas detectadas por algunos especialistas, constituyéndose una comisión de expertos desde la Diputación Foral de Álava, que fiscalizó el asunto, llegando el caso a los tribunales de Justicia y retirándoles el permiso de excavación.

Ya en junio de 2020, fueron condenados varios de los arqueólogos participantes por fraude, estableciendo la sentencia del Juzgado de lo Penal 1 de Vitoria que las piezas fueron manipuladas «con incisiones contemporáneas, para simular que contenían inscripciones o epigrafía de la misma antigüedad que el soporte en el que se grababan y darles un valor histórico-cultural que no tenían». Y concretaba más: el arqueólogo jefe, Eliseo Gil, «a sabiendas de la falsedad de los grafitos» que presentaban las piezas, se congració con otro personaje para pergeñar un informe «que pudiera corroborar la apariencia de autenticidad»[136]. De hecho, uno de los arqueólogos admitió haber realizado las falsificaciones con un punzón. Y todo ello, bien financiado con dinero público, subvenciones y patrocinio de importantes empresas... al servicio de la «excepcionalidad *baska*». No en vano, «la causa» bien vale el intento.

No era la primera vez, ni será la última, en que se fabrique una falsificación arqueológica. Motivos pueden ser muchos: ratificar una tesis preconcebida, ganar prestigio académico o profesional aceleradamente, apurar unas aportaciones económicas, una broma incluso. Pero, en este caso, no se

---

[136] https://www.eitb.eus/multimedia/documentos/2020/06/10/2616548/Sentencia%20Iru%C3%B1a%20Veleia.pdf

trató de una falsificación aislada: fue una manipulación en serie, a gran escala, con una pretensión ideológica.

El siglo III de nuestra era es, histórica y arqueológicamente hablando, uno de los más oscuros. De ahí que semejantes hallazgos habrían constituido –de ser verídicos- una bomba de fascinantes efectos, a la que los falsificadores dotaron de todos los ingredientes de sus deseos y de las doctrinas panvasquistas. Entre otras cuestiones problemáticas que sugerían los presuntos hallazgos: ¿cómo fue que si en el siglo III se escribía en euskera en una gran ciudad romana, se perdió tal práctica sin existir huella alguna en ninguna parte? En definitiva, un verdadero delirio ideologizado que el panvasquismo, inicialmente, acogió entusiasmado.

Además de ambiciosos fueron muy torpes. Por ejemplo, los vocablos latinos «descubiertos» eran muy desarrollados, impropios del siglo III; unos anacronismos que caracterizaron todas las inscripciones en el área que fuere: religiosa, nombres de personajes, incluso aspectos de la vida cotidiana como el presunto ladrido de un perro propio de la mentalidad de hoy. El que la mismísima Nefertiti apareciera entre los mencionados resulta un tanto sospechoso.

Lo cierto es que las falsificaciones fueron una verdadera chapuza. Así, por ejemplo, en el *Calvario* anotaron las iniciales RIP, cuando de todos es sabido que responden a *Descanse en Paz* en latín; expresión habitual en los cementerios cristianos, es verdad, pero totalmente ajena a una inscripción cristiana que recuerde la pasión, muerte y resurrección de Cristo, que acaso hubiera recogido un INRI.

Los falsarios pretendieron varios objetivos: amortizar económicamente la inversión y conseguir nuevos presupuestos para futuras campañas; desmontar la teoría de la vasconización tardía de los territorios vascongados, conforme a la cual el vascuence llegó a Álava hacia el siglo VI, pues tamaña datación cronológica la desmentiría; entrelazar dicha teoría con una temprana cristianización de los vascongados, cuando mayormente tuvo lugar varios siglos después. Un ejemplo de mixtura de intereses particulares crematísticos al servicio del panvasquismo y su mitología.

A todo ello se le sumó la característica agresividad de la izquierda *abertzale*. De modo que se produjeron diversas movilizaciones, promovidas por «organismos populares», que desplegaron una campaña amenazante e injuriosa contra los autores de los informes reveladores del fraude, llegando al Parlamento y ganándose el favor de los partidos nacionalistas.

Todavía en el curso del juicio, estos activistas aseguraban que se trataba de una conspiración dirigida para desprestigiar los hallazgos. Unos verdaderos conspiranoicos sin escrúpulos que no aceptaron la sentencia, declarándose ¡en huelga de hambre en su local de Vitoria! Una situación irracional, falsaria, fraudulenta e ideologizada que, como afirma delicadamente Joaquín Gorrochategui bien puede explicarse así: «El notable éxito de aceptación del fraude de Iruña-Veleia en amplios sectores de la opinión pública antes del dictamen de la comisión se debió al hecho crucial de que vendía un relato ideológicamente añorado por una parte de la opinión y, en todo caso, agradable e ilusionante al conjunto de ella» [137].

---

[137] *Hic et nunc. Falsificaciones contemporáneas. El caso de Iruña-Veleia*, en el volumen colectivo *El monumento epigráfico en contextos secundarios. Procesos de reutilización, interpretación y falsificación*, Universidad Autónoma de Barcelona, 2011, página 260.

Es lo que sucede cuando se pretende ajustar una mitología moderna a la Historia, a martillazos y sin escrúpulos.

FERNADO JOSÉ VAQUERO OROQUIETA

25.- JOSEBA ARREGI: SALIR DE LA DISNEYLANDIA JELTZALE

El PNV, el *alderdi*, que dicen sus militantes y afines, es mucho *alderdi*. Después de cuarenta años en democracia, ha logrado edificar un régimen en la Comunidad Autónoma Vasca, en gran medida, a su imagen y semejanza. El espacio propio del centro-derecha españolista, por su parte, ha sido jibarizado; Vox apenas ha alcanzado una representación simbólica; el socialismo ha perdido sus señas de identidad, habiéndose evaporado el capital aportado por la vieja generación de antiguos militantes de *Euskadiko Ezkerra* que se le sumaron. Y los «asaltantes de cielos» de Podemos no han sido capaces de consolidarse. El EAJ-PNV, únicamente sufre, a su izquierda, la competencia inquietante de su descendencia dislocada, de los herederos de ETA.

No obstante, en el PNV es todo optimismo, sentimiento de buen hacer, prestigio internacional, bienestar colectivo, satisfacción por los logros obtenidos... Conscientes de su importancia en cualquier juego de la política española, el PNV observa, aconseja, interviene cuando le conviene, negocia y rompe compromisos a placer... Sumergirse en la atmósfera mental del PNV es hacerlo en un entorno casi idílico, de seguridades y poder consolidado, de un futuro amable. Han logrado implantar una percepción, casi generalizada, incluso en los no nacionalistas, de que «en Euskadi se vive muy bien», «el PNV es un partido maduro», «somos un partido muy experimentado de Gobierno». Una verdadera «leyenda rosa» lo envuelve todo. Eso sí, amable lector, permítame un consejo si vive en Vascongadas y Navarra: mejor hable euskera...

La cuestión que se plantea es la siguiente: ¿es posible escapar de la *Disneylandia jeltzale*? Siendo su embrujo tan poderoso, ¿puede articularse un discurso alternativo y coherente a tamaña batería de tópicos, distorsiones históricas, mecanismos de presión y trampas morales tan bien tejida? La respuesta es sí. Joseba Aguirre fue, sigue siendo, la prueba de ello.

El 14 de septiembre de 2021 falleció Joseba Arregi Aranburu a los 75 años. Había nacido en 1946 en la localidad guipuzcoana de Andoáin. Su familia era nacionalista y euskaldún. Formado en el seminario de San Sebastián, sería ordenado sacerdote. Estudiaría, después, en las universidades de Friburgo y Münster, doctorándose en Teología. También se doctoró en Sociología por la de Deusto. Fue profesor en la Universidad del País Vasco.

Militó en la clandestinidad en el PNV. Era presidente del PNV de Guipúzcoa en la época en que Carlos Garaicoechea, 1986, se escindió dando lugar a *Eusko Alkartasuna,* un verdadero drama para todos los *jeltzales.*

Fue secretario de Política Lingüística, consejero de Cultura y portavoz del Gobierno Vasco (1985-1995) con José Antonio Ardanza como lendakari. Participó en las negociaciones que permitieron la instalación de una de las sedes museísticas de la Fundación Guggenheim en Bilbao. También formó parte del *Euzkadi Buru Batzar,* máximo órgano rector del PNV.

Al iniciarse en 1996 los contactos entre el PNV, *Herri Batasuna,* otros partidos menores y asociaciones nacionalistas, que darían lugar al Pacto de Lizarra en 1998,

Arregui mostró su desacuerdo; al igual que con el denominado Plan Ibarretxe ("Propuesta del Parlamento Vasco para la convivencia en Euskadi" de 2004).

En consecuencia, abandonó la política partidaria en el primer trimestre del año 2001. En 2004 cesó de militar en el PNV, comunicándolo a la junta municipal de Zarauz, en la que figuraba como inscrito. Aquella decisión le liberó, afirmando casi inmediatamente que «dejar el PNV es en definitiva un acto de libertad por mi parte», a la vez que aseguraba que «no es que no haya sido libre hasta ahora, pero desde ahora lo seré un poco más. Porque como ciudadano voy a seguir comprometido con la sociedad vasca, con mis ideas y con mi conciencia»[138].

Su compromiso social giró, entonces, hacia los medios de comunicación y diversas entidades del pujante movimiento asociativo vasco de víctimas del terrorismo y grupos pacifistas. Como ejes de su reflexión, planteaba la necesidad de un entendimiento entre nacionalistas y no nacionalistas, de una respuesta ciudadana frente la imposición de un «pensamiento único» de carácter nacionalista, así como la centralidad y el reconocimiento de las víctimas del terrorismo, de su sufrimiento. Este trabajo recibió la incomprensión de su antiguo entorno político, pero también mereció algunos premios y reconocimientos como el otorgado por la Fundación José Luis López de Lacalle (2002) y el premio a la Tolerancia Maite Torrano otorgado por COVITE en 2004.

En 2004 impulsó un foro ciudadano que denominó *Aldaketa* (*cambio*, en euskera), constituido el 19 de diciembre de 2004

---

[138] https://elpais.com/diario/2004/07/28/espana/1090965617_850215.html

con la pretensión de conseguir la alternancia política como fundamento de la normalidad democrática en Euskadi, comunidad en la que el PNV viene siendo la fuerza más votada desde hace décadas. Le secundaron, entre otros: Carlos Trevilla (secretario general de UGT), Imanol Zubero (cabeza entonces de Gesto por la Paz), Natividad Rodríguez (viuda de Fernando Buesa, asesinado por ETA), el socialista José Ramón Recalde (superviviente de un atentado de ETA), Roberto Lertxundi (antiguo dirigente del PCE y de *Euskadiko Ezkerra*), el periodista también superviviente Gorka Landaburu, la exArarteko (defensora del pueblo en Euskadi) Mertxe Agundez, etc[139].

En 2009, si bien ganó de nuevo las elecciones autonómicas el PNV, se formaría un gobierno dirigido por el socialista Patxi López, apoyado por el PP vasco. No obstante, aquello fue un espejismo que pronto se disipó.

Pero Joseba Arregi continuó posicionándose radicalmente en contra de cualquier práctica y mistificación terrorista. Por ello, fue muy crítico con el papel jugado por buena parte de la sociedad vasca ante las víctimas, interpelándola de la siguiente manera: «La sociedad vasca no ha vencido a ETA sino que han sido los poderes del Estado. Bien haría en mirarse en el espejo y preguntarse dónde he estado yo»[140]. En consecuencia, se declaró partidario de enfrentarse a la «maquinaria *abertzale*» y a la «frivolidad».

---

[139] https://aunamendi.eusko-ikaskuntza.eus/eu/aldaketa/ar-18271/

[140] https://www.elmundo.es/pais-vasco/2015/06/14/557d4f48ca474122438b4579.html

Fue autor de numerosos libros, algunos de ellos en colaboración con diversos escritores, entre otros: *Euskadi como pasión* (1999), *La nación vasca posible. El nacionalismo democrático en la sociedad vasca* (2000), *Historia e identidades nacionales hacia un pacto entre la ciudadanía vasca* (2007), *Orígenes, ideología y evolución del PNV. El Nacionalismo Vasco* (2014), *La Secesión de España. Bases para un debate desde el País Vasco* (2014), *El terror de ETA: La narrativa de las víctimas* (2015), *El movimiento de víctimas del terrorismo: balance de una trayectoria* (2021).

La ley 29/2011, de Reconocimiento y Protección Integral a las Víctimas del Terrorismo contemplaba, entre otras medidas, la creación de una Fundación destinada a preservar la memoria de todas las víctimas del terrorismo producidas en España desde el 1 de enero de 1960 hasta la actualidad. A tal efecto, se constituyó una comisión de experto de la que formaría parte Joseba Arregi. Fruto de ello es el Centro Memorial Víctimas del Terrorismo[141], inaugurado el 1 de junio de 2021 en Vitoria.

También participó en los debates de la Ponencia de Autogobierno sobre el nuevo estatuto vasco, que tras cinco años de debate permanece atascada a día de hoy, declarándose partidario de un encaje federal de la Comunidad Autónoma Vasca en España.

No renunció a sus ideas nacionalistas, pero fue capaz de liberarse de la maraña de autojustificaciones buenistas de gran parte del nacionalismo vasco que optaría por una mirada presuntamente equidistante sobre el terrorismo y sus perversos efectos.

---

[141] http://www.memorialvt.com/

De modo que sí: es posible sustraerse de la *Disneylandia jeltzale*, incluso para un nacionalista. El nacionalismo panvasquista no es el destino inevitable de las sociedades vasca y navarra. Es su cárcel y su narcótico.

BIBLIOGRAFÍA

Libros

Aizpuru Murua, Mikel: *El Partido Nacionalista Vasco en Guipúzcoa (18893-1923). Orígenes, organización y actuación política,* Universidad del País Vasco, Bilbao, 2011.

Alonso, Rogelio; *La paz de Belfast,* Alianza, Madrid, 2000.

Alsina Calvés, Josep: *El hispanismo como Cuarta Teoría Política.* Ediciones Fides, Tarragona, 2019.

Angulo, Gorka, *La persecución de ETA a la derecha vasca:* Almuzara, Córdoba, 2018.

Araluce Martín, Gonzalo, Marrodán, Javier, García de Leániz, Rocía, Jiménez, María: *Relatos de plomo. Historia del terrorismo en Navarra,* tres volúmenes, Gobierno de Navarra, Pamplona, 2013, 2014 y 2014.

Arana, Sabino: *Páginas de Sabino Arana. Fundador del nacionalismo vasco,* Criterio Libros, Madrid, 2001.

Aranzadi, Juan: *El escudo de Arquíloco. Sobre mesías, mártires y terroristas.* Vol. 1: *Sangre vasca.* Vol. 2: *El "nuevo Israel" americano y la restauración de Sión.* Antonio Machado Libros, Madrid, 2001.

Aranzadi, Juan, Juarista, Jon y Unzueta Patxo: *Auto de terminación. Raza, nación y violencia en el País Vasco,* El País-Aguilar, Madrid, 1994.

Arbeloa, Víctor Manuel: *Navarra y los estatutos de autonomía (1931-1932),* ACCI, Madrid, 2015.

Aróstegui, Julio: *El carlismo y los fueros vasconavarros, en Historia del pueblo Vasco, III*, Erein, San Sebastián, 1979.

Azurmendi Badiola, José Félix: *Vascos en la guerra Fría. ¿Víctimas o cómplices?*, Editorial Ttarttalo, San Sebastián, 2013.

Azurmendi, Mikel: *La herida patriótica*, Taurus, Madrid, 1998.

Bastante, Jesús: *Los curas de ETA. La Iglesia vasca entre la cruz y la ikurriña*, La Esfera de los Libros, Madrid, 2004.

Berro, Rafael Berro y Guelbenzu, Ricardo: *Cuatripartito kanpora. Eusko chollos, discriminaciones, atropellos y más*, Azpilicueta Center, Pamplona, 2018.

Burgo Tajadura, Jaime Ignacio del: *Navarra en la historia*, Almuzara, Córdoba, 2017.
---- *La epopeya de la foralidad vasca y navarra. Principio y fin de la cuestión foral*, Atxular Atea, Bilbao, 2016.

Calleja, José María: *¡Arriba Euskadi! La vida diaria en el País Vasco*, Espasa Calpe, Madrid, 2001.

Caspistegui Gorasurreta, Francisco Javier: *El naufragio de las ortodoxias, el carlismo, 1962-1977*, EUNSA, Pamplona, 1997.

Chacón Delgado, Pedro José: *Nobleza con libertad: biografía de la derecha vasca*, Atxular Atea, Bilbao, 2015.

Corcuera Atienza, J: *Orígenes, ideología y organización del nacionalismo vasco (1876-1904)*, Siglo XXI, Madrid, 1979.

Díaz Herrera, José: *Los mitos del nacionalismo vasco*, Planeta, Barcelona, 2005.

Díez, Rosa: *Maquetos. Una historia escrita para que nadie olvide*, La Esfera de los Libros, Madrid, 2022.

Egaña Sevilla, Iñaki: *Breve historia de Euskal Herria*, Txertoa, San Sebastián, 2013.

Elorza, Antonio: *Tras las huellas de Sabino Arana. Los orígenes totalitarios del nacionalismo vasco*, Temas de Hoy, Barcelona, 2005.

Fernández Barbadillo, Pedro: *Bokabulario para hablar con nazionalistas baskos*, Áltera, Madrid, 2004.

Fernández Sebastián, Javier: *La génesis del Fuerismo. Prensa e ideas políticas en la crisis del Antiguo Régimen (País Vasco, 1750-1840)*, Siglo XXI, Madrid, 1991.

Fernández Soldevilla, Gaizka y López Romo, Raúl: *Sangre, votos, manifestaciones. ETA y el nacionalismo vasco radical (1958-2011)*. Tecnos, Madrid, 2012.

Fernández Soldevilla, Gaizka, Jiménez Ramos, María, et ál: 1980. *El terrorismo contra la Transición*, Tecnos, Madrid, 2020.

García de Cortázar, Fernando: El nacionalismo vasco, Historia 16, Madrid, 1999.

Gil Zubillaga, Eliseo: *De Túbal a Aitor: historia de Vasconia*, La Esfera de los Libros, Madrid, 2002.

Granja, José Luis: *El nacionalismo vasco: un siglo de historia*, Tecnos, Madrid, 1995.

González Cortés, María Teresa: *Los monstruos políticos de la Modernidad*, Ediciones de la Torre, Madrid, 2077.

Gurruchaga, Carmen, *Los cómplices de ETA*, La Esfera de los Libros, Madrid, 2005.

Gurruchaga, Carmen y San Sebastián, Isabel: *El Árbol y las nueces, La relación secreta entre ETA y PNV*, Temas de hoy, Madrid, 2000.

Ibáñez, Víctor Javier: *Una resistencia olvidada. Tradicionalistas mártires del terrorismo*, Ediciones Auzolan, Córdoba, 2020.

Imatz, Arnaud: *Vascos y navarros. Mitos, historias y realidades identitarias*, La Tribuna del País Vasco Libros, San Sebastián, 2020.

Inza Garmendia, Jokin: *Hombre libre sin patria libre*, Fundación Sabino Arana, Bilbao, 2006.

Juaristi, Jon: *Historia mínima del País Vasco*, Turner, Barcelona, 2013.

Laínz, Jesús: *Adiós, España. Verdad y mentiras de los nacionalismos*, Encuentro, Madrid, 2004.
---- *Desde Santurce a Bizancio. El poder nacionalizador de las palabras*, Encuentro, Madrid, 2011.

Legarra Belástegui, Miguel de: *La otra mitad. Las cárceles de Euskadi, 1936-1937*, Sahats, Pamlona, 2008.

López Adan, Emilio: *El nacionalismo vasco en el exilio*, Txalaparta, Tafalla, 2008.

Maeztu y Whitney, Ramiro de: *Defensa de la Hispanidad*, Madrid, Gráfica Universal, 1941.

Mees, Ludger: *El profeta pragmático. Aguirre, el primer lehendakari (1939-1960)*, Alberdania, Irún, 2006.

Moa, Pío: *Una historia chocante. Los nacionalismos vasco y catalán en la historia contemporánea de España*, Ediciones Encuentro, Madrid, 2004.

Morán, Gregorio: *Los españoles que dejaron de serlo: cómo y por qué Euskadi se ha convertido en la gran herida histórica de España*, Barcelona, Planeta, 2003.

Moreno Izquierdo, Rafael y Jiménez de Aberásturi Corta, Juan Carlos: *Al servicio del extranjero. Historia del Servicio Vasco de Información (1936-43)*, Antonio Machado Libros, Boadilla del Monte, 2009.

Muñoz Machado, Santiago: *Tratado de Derecho Administrativo y Derecho Público General*, Tomo VIII, Boletín Oficial del Estado, Madrid, 2015.

Olazábal Estecha, Carlos: *4 de enero de 1937 ¿El Gernika del PNV?*, Fundación Popular de Estudios Vascos, Bilbao, 2021.

Onrubia Rebuelta, Javier, *La resistencia carlista a la dictadura de Franco: los Grupos de Acción Carlista, G.A.C.*, Magalia Ediciones, Madrid, 2001.

Ontoso Soto, Pedro, *Con la Biblia y la Parabellum. Cuando la Iglesia vasca ponía una vela a Dios y otra al diablo*, Península, Barcelona, 2019.

Orella, José Luis, López, José Luis: *Raíces de libertad II. Apuntes para una historia del PP del País Vasco. 1989-2004*: Fundación Popular de Estudios Vascos, Bilbao, 2018.

Orella, José Luis, *Los otros vascos. Historia de un desencuentro*: Grafite Ediciones, Bilbao, 2003.

Ortigosa, J.L.: *La cuestión vasca II*. Visión Libros, Madrid, 2016.

Pablo, Santiago de: *Los nacionalistas*, Fundación Sancho el Sabio, 1995.

Pablo, Santiago de y Mees, Ludger: *El péndulo patriótico. Historia del Partido Nacionalista Vasco (1895-2005)*, Planeta, Barcelona, 2005.

Payne, Stanley G: *El nacionalismo vasco de sus orígenes a ETA*, Dopesa, Barcelona, 1994.

Renobales, Eduardo: *ANV. El otro nacionalismo*, Txalaparta, Tafalla, 2015.

Ruiz Vidondo, Jesús María: *Navarros que forjaron España*, Azpilicueta Center, Pamplona, 2022.

Sáez de la Fuente Aldama, Izaskun: *El movimiento de liberación nacional vasco, una religión de sustitución*, tesis dirigida por Víctor Manuel Urrutia Abaigar. Desclée de Brouwer, Bilbao, 2002.

Suárez-Zuloaga, Ignacio: *Vascos contra vascos. Una explicación ecuánime de dos siglos de luchas*, Planeta, Barcelona, 2007.

Tusell, Javier: *Historia de la Democracia Cristiana en España (I) y (II)*, SARPE, Madrid, 1986.

Ugalde Solano, Mercedes: *Mujeres y nacionalismo vasco: génesis y desarrollo de Emakume Abertzale Batza (1906-1936)*, Universidad del País Vasco, Vitoria, 1993.

Unzalu, Andoni: *Ideas o creencias; conversaciones con un nacionalista*, Los Libros de la Catarata, Madrid, 2018.

Vizcarra Arana, Zacarías de: *Vasconia españolísima*, Publicaciones Españolas, Madrid, 1971.

VV.AA.: *¡Basta ya! Euskadi, del sueño a la vergüenza*, Ediciones B, Barcelona, 2004.

Zallo, Ramón, *El país de los vascos: desde los sucesos de Ermua al segundo gobierno de Ibarretxe*. Fundamentos, Madrid, 2001.

Artículos

Benegas Lynch (h), Alberto: *Nacionalismo: cultura de la incultura*, Estudios Públicos, n° 67, invierno de 1997, Santiago de Chile.

Chacón Delgado, Pedro José: *El concepto de prenacionalismo vasco: definición y crítica*, monografía alojada en la web de la Asociación Española de Ciencia Política y de la Administración, Madrid, 2015.

Fernández Soldevilla, Gaizka: *De Aberri a ETA, pasando por Venezuela. Rupturas y continuidades en el nacionalismo vasco radical (1921-1977). Bulletin d'Histoire contemporaine de l'Espagne*, n° 5. Aix-en-Provence, 2017.

Granja Sainz, José Luis de la: *El* antimaketismo: *la visión de Sabino Arana sobre España y los españoles*, Norba,

Revista de Historia, Volumen 19, Universidad de Extremadura, Cáceres, 2006.

Mota Zurdo, David: *Aliados de conveniencia: el Servicio Vasco de Información y la acción exterior pro-estadounidense vasca en Latinoamérica*, Revista Electrónica Iberoamericana de la Universidad Rey Juan Carlos, vol. 12, n° 2, 2018.

Obieta Vilallonga, María: Foralismo: *Fuerismo y Tradicionalismo (el caso del partido integrista, 1888-1898)*, Sancho el Sabio, Extra 2, Universidad de Deusto, 2018.

Santiago de, Pablo: *El nacionalismo vasco ante el Estado español (1895-1937)*, revista *Studia Histórica*, Universidad de Salamanca, n°. 18, 2000.

Zubiaga Arana: Erik: *La represión franquista de guerra y posguerra en el País Vasco a debate. Entre el exterminio y el oasis*, Historia Política, n° 37, Universidad del País Vasco, 2017.

VV.AA.: *Hic et nunc. Falsificaciones contemporáneas. El caso de Iruña-Veleia*, del volumen *El monumento epigráfico en contextos secundarios. Procesos de reutilización, interpretación y falsificación*, Universidad Autónoma de Barcelona, 2011.

Wulff Alonso, Fernando: *Sabino Arana, la fundación del nacionalismo vasco y el uso del modelo historiográfico español*, Revista *Dialogues d'histoire ancienne*, n° 26/2, pág. 203, Presses Universitaires Franc-Comtoises, Besanzón, 2000.

Páginas web

Asociación Esteban de Garibay
https://estebandegaribay.es/

Auñamendi Eusko Entziklopedia-Fondo Bernardo Estornés Lasa
https://aunamendi.eusko-ikaskuntza.eus/

Azpilicueta Center. Doctor Navarrus
https://azpilicuetacenter.org/

Blog de Iñaki Anasagasti
https://ianasagasti.blogs.com/

Desolvidar. Blog de Patxi Mendiburu
http://patximendiburu.blogspot.com/

Euzko Alderdi Jeltzalea-Partido Nacionalista Vasco
https://eaj-pnv.eus/

Eusko Alkartasuna
http://www.euskoalkartasuna.eus/es/

Eusko Ekintza
http://www.euskoekintza.eu/

Eusko Ikaskuntza
https://www.eusko-ikaskuntza.eus/

Entrada en *Wikipedia* del EAJ-PNV
https://es.wikipedia.org/wiki/Partido_Nacionalista_Vasco

Fundación Popular de Estudios Vascos
https://www.fpev.es/es/

Fundación Sabino Arana
https://www.sabinoarana.eus/
https://www.sabinoaranagoiri.eus/

Gobierno de Navarra
https://navarra.es/

Gran Enciclopedia de Navarra
http://www.enciclopedianavarra.com/

Memorial Víctimas del Terrorismo
http://www.memorialvt.com/

Colectivo Navarra Resiste
http://navarraresiste.com/

Página personal de Javier Barraycoa
https://barraycoa.com/

Página personal de Jesús Laínz
https://www.jesuslainz.es/

Página personal de Víctor Manuel Arbeloa
https://www.vmarbeloa.es/biblio/victor-manuel-arbeloa-muru/

Partido Demócrata Europeo
www.democrats.eu

Radiotelevisión vasca
https://www.eitb.eus/

Portal de noticias de la izquierda *abertzale* oficial
https://www.naiz.eus/

Sabino Arana. Cuna del nacionalismo vasco
http://www.sabinetxea.org/

La tía Nicolasa. Viuda de Sabino Arana
https://tianicolasa.blogspot.com/

FERNADO JOSÉ VAQUERO OROQUIETA

FERNADO JOSÉ VAQUERO OROQUIETA